楽《たの》しく学《まな》んでレベルアップ！

マインクラフト 自《じ》分《ぶん》でできるおかたづけ

スティーブ・アレックスといっしょに
おかたづけマスターになろう！

おかたづけマスターになればエンダードラゴンも楽《らく》にたおせちゃう!?
この本《ほん》で、そのひみつが分《わ》かるよ！

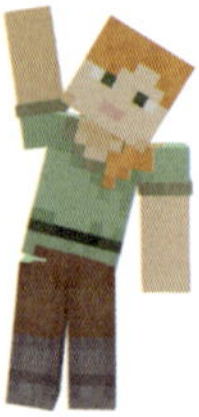

CONTENTS

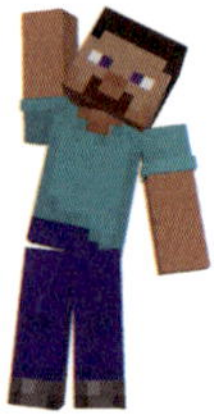

もくじ

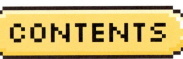

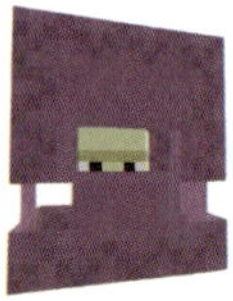

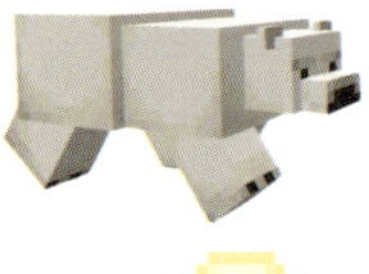

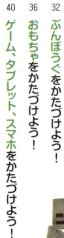

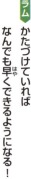

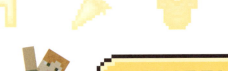

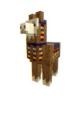

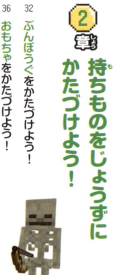

3章《しょう》 場所《ばしょ》をきれいにかたづけよう！

4章《しょう》 きれいなままをつづけよう！

いっしょにおかたづけを学《まな》んでいくなかまたち

げんじつ世界《せかい》の小学生《しょうがくせい》

クララ

もっとおかたづけが上手《じょうず》になりたい小《しょう》学《がく》３年生《ねんせい》。目《もく》ひょうは、マイクラでいろいろな動物《どうぶつ》とふれ合《あ》うこと。

マイト

マイクラでもげんじつ世界《せかい》でも、おかたづけは苦手《にがて》な小学《しょうがく》３年生《ねんせい》。目《もく》ひょうは、エンダードラゴンをたおすこと！

マイクラ世界《せかい》のキャラクター

スティーブ

マイクラの主人公《しゅじんこう》の１人《ひとり》。実《じつ》はおかたづけが苦手《にがて》。目《もく》ひょうは、ダイヤを山《やま》ほど集《あつ》めること。

アレックス

マイクラの主人公《しゅじんこう》の１人《ひとり》。おかたづけが大《だい》とくいなしっかりもの。目《もく》ひょうは、べんりなきょ点《てん》を作《つく》ること。

1

章《しょう》

どうしておかたづけをするのかな？

おかたづけをすると、どんないいことがある？
おかたづけをするにはどうすればいい？
スティーブやアレックスといっしょに、
おかたづけをはじめてみよう！

【1章《しょう》｜どうしておかたづけをするのかな？】

おかたづけは なんのためにするんだろう

家《いえ》や学校《がっこう》で「おかたづけをしましょう」と言《い》われたことがあるかな？

おかたづけは、「ひつようなものといらないものを分《わ》けたり、めちゃくちゃにおいてあるものを、正《ただ》しい場所《ばしょ》にしまったりすること」。もしも、使《つか》い終《お》わった道具《どうぐ》や、もう着《き》ない服《ふく》をおきっぱなしにすると、どうなってしまうか考《かんが》えてみよう。

「おかたづけしなさい！」ってよく言《い》われるよ

それは、おかたづけがとても大事《だいじ》なことだからだよ！

そもそも、おかたづけって大事《だいじ》なことなの？

おかたづけをしないでいると、どうなるだろう？

さがしものに時間《じかん》がかかる！

ひつようなものがどこにあるか分《わ》かりにくい！

ごちゃごちゃして気持《きも》ち悪《わる》い！

やりたいことに集中《しゅうちゅう》できない！

部屋《へや》がせまくなる！

本当《ほんとう》にこんなにひつようかな!?

こんな「あるあるネタ」でみんなもこまったことになるかも!?

おかたづけをしないとこまるのは マイクラでもみんなの生活《せいかつ》でもいっしょ!

もう遊《あそ》べない、こわれたおもちゃをずっとおいていると…

新《あたら》しいおもちゃをしまう場所《ばしょ》がない！

工作《こうさく》に使《つか》ったはさみを、出《だ》しっぱなしにしていると…

次《つぎ》に使《つか》おうと思《おも》ったとき、見《み》つからない！

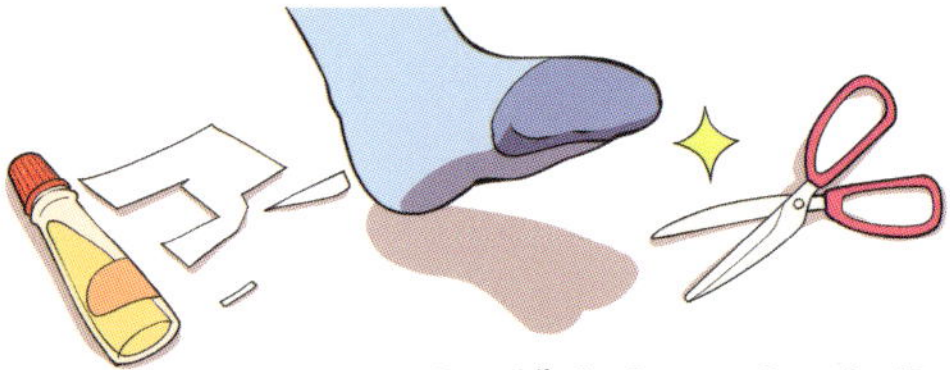

気《き》づかずにふんで、ケガをしてしまうかも！

マイクラの世界《せかい》でも、
おかたづけをしないと
大切《たいせつ》なアイテムが
見《み》つからなくて
こまるよ！

おかたづけをしておけば こんなにいいことがある！

家中《いえじゅう》がきれいになる！

きみのおかたづけで、家《いえ》も学校《がっこう》もきれいになる！

大切《たいせつ》なものをなくさない！

ひつようなものが、どこにあるか分《わ》かるよ！

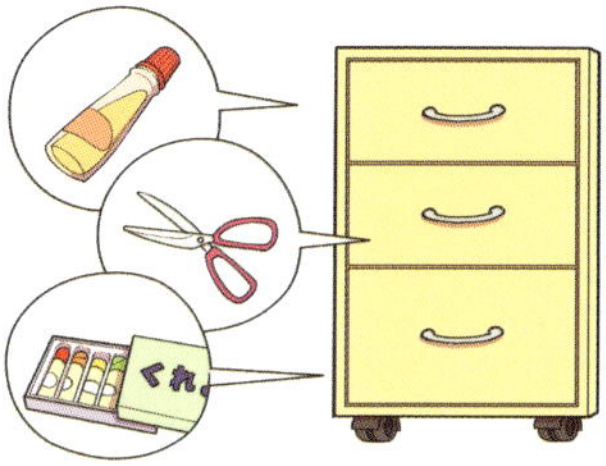

やりたいことがすぐできる！

つくえやテーブルがかたづいていると、やりたいことをすぐにはじめられる！

おかたづけ、すごすぎるぞ!!

おかたづけがとくいになると、行動《こうどう》するためのスピードがアップするよ！だから、学校《がっこう》のしたくも、エンダードラゴンをたおすじゅんびも、すぐにできるようになっちゃうよ！

おかたづけは むずかしくない！

おかたづけをすることを、「整理整《せいりせい》とん」とも言《い》うよ。「整理《せいり》」は、ひつようではないものを「分《わ》けて、すてる」こと、「整《せい》とん」はきちんと元《もと》にもどすことなんだ。

整理整《せいりせい》とんは、ぜんぜんむずかしいことではないよ！　いるものをえらんで、どこにしまうかを決《き》めたら、いつでもそこにもどせばいいんだ。

整理整《せいりせい》とんの意味《いみ》は
分《わ》かったけど、
やってみるのは
なんだかむずかしそう？

そんなことないよ！
毎日《まいにち》ちょっとずつ気《き》をつければ
だれにでもできるよ！

おかたづけのきほんはかんたんなことばかり！

これでできる！ おかたづけのじゅん番《ばん》！

1 いるもの、いらないものを分《わ》ける

いらないものがたくさんあると、ごちゃごちゃしてしまう！　だから、まずは身《み》の回《まわ》りにあるものを、いるものといらないものに分《わ》けるよ。

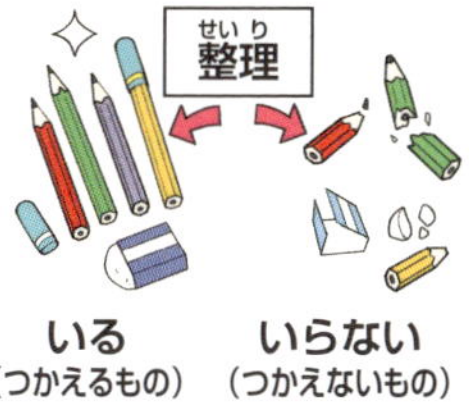
整理《せいり》
いる
（つかえるもの）
いらない
（つかえないもの）

いらないものをすてれば、かなりすっきりするね

2 しまう場所《ばしょ》を決《き》める

いるものをえらんだら、どこにしまうかを決《き》めよう。

ピシッ
整《せい》とん

しまい方《かた》によって、ものの使《つか》いやすさや、かたづけやすさがかわるよ

3 出《だ》したものをきちんとしまう

使《つか》ったものを、出《だ》しっぱなしにするのはダメ！　使《つか》うたびにきちんと、決《き》められた場所《ばしょ》にしまおう。

たった3つのじゅん番《ばん》だけでいいんだね！ 楽勝《らくしょう》な気《き》がしてきたぞ～！

おかたづけとおそうじは どこがちがうの？

おかたづけは、いらないものをすてて、いるものを正《ただ》しい場《ば》所《しょ》にしまうことだよ。

おそうじは、よごれをきれいに落《お》とすことだよ。

部《へ》屋《や》をきれいにするためには、おかたづけをしたあとに、おそうじをするというじゅん番《ばん》が大《たい》切《せつ》だよ！

おかたづけをしてから、おそうじをしよう

おかたづけとおそうじで
きょ点《てん》がきれいになったね！

自分《じぶん》にできる方《ほう》ほうで、おかたづけをしよう。

この本《ほん》では、じょうずにおかたづけをするための、いろいろなワザをしょうかいしているよ。

でも、家《いえ》や学校《がっこう》のルールとちがうことが書《か》いてあったり、家《いえ》とお部屋《へや》や場所《ばしょ》がちがっていて、できないことが書《か》いてあるかもしれないね。そういうときは、ルールの中《なか》でできることからやってみよう！

ぼくは自分《じぶん》のつくえを持《も》ってないなあ…
わたしは自分《じぶん》だけのお部屋《へや》がないんだよね…

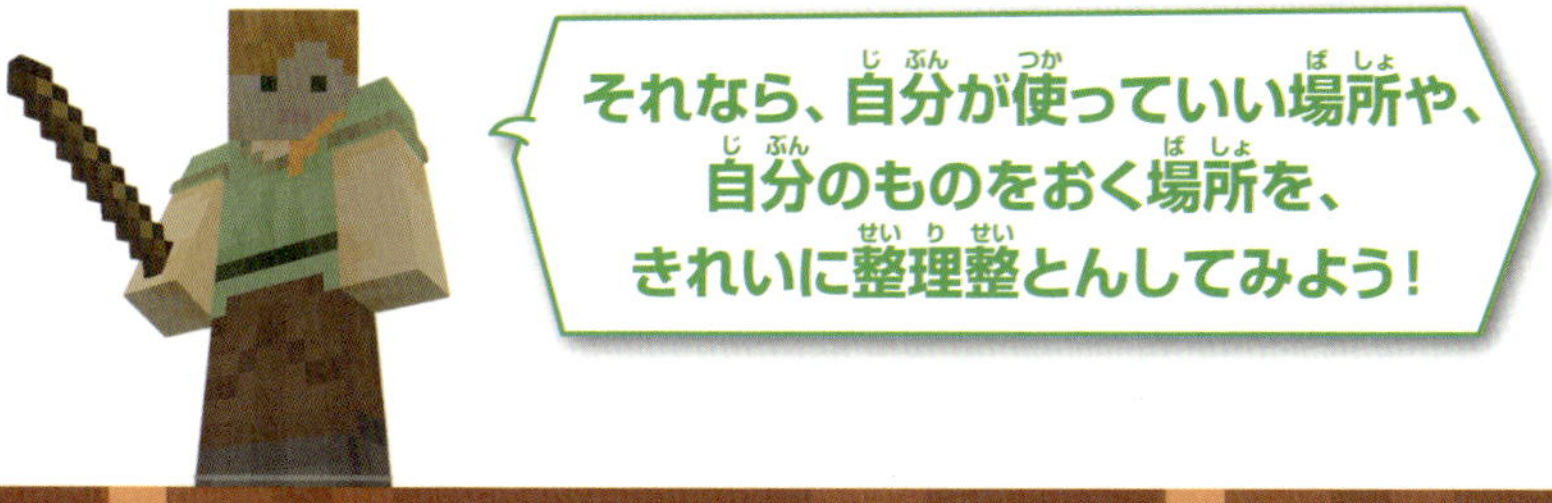
それなら、自分《じぶん》が使《つか》っていい場所《ばしょ》や、自分《じぶん》のものをおく場所《ばしょ》を、きれいに整理整《せいりせい》とんしてみよう！

おかたづけをはじめる前《まえ》に！

いきなり、持《も》っているものを全部《ぜんぶ》出《だ》して
「さーて、仕分《しわ》けるぞ！」となる前《まえ》に、計画《けいかく》を立《た》てよう

1 これから、きちんとおかたづけをする時間《じかん》はあるかな？

もうおそい時間《じかん》…

学校《がっこう》に行《い》く前《まえ》のいそがしい時間《じかん》や、夜《よる》ねる前《まえ》のおそい時間《じかん》などは、しっかりおかたづけをするための時間《じかん》が足《た》りないよ！時間《じかん》によゆうがあるときにやろう！

おかたづけのと中《ちゅう》で、
ものを出《だ》しっぱなしにして、
出《で》かけたりするのは、ダメだよ！

ムーシュルーム

2 どこをかたづけるか、決《き》まっているかな？

1度《ど》にたくさんの場所《ばしょ》やものをかたづけようとすると、全部《ぜんぶ》終《お》われないかも？「今回《こんかい》はつくえ」「明日《あした》は本《ほん》だな」みたいに、予定《よてい》を立《た》ててかたづけを進《すす》めよう！

こんなに
かたづけられるか
分《わ》からない！

少《すこ》しずつ、
できるところから
かたづけていこう！

どういうことが「おかたづけ」になるのかな？

おかたづけは、「①ものを分《わ》ける ②しまう場《ば》所《しょ》を決《き》める ③ものをきちんとしまう」、この3つのじゅん番《ばん》でするよ。

それぞれどんなことをすればいいのか、いっしょに見《み》てみよう！

わたくしも
くわしく
知《し》りたいぞ！

ウィザー

思《おも》い出《で》があるもののように、
いま使《つか》ってはいないけど、
すぐにすてたくないものは、
ひとまずのこしておいてOK《オーケー》だよ！

大《おお》きめの箱《はこ》や
ふくろをよういして、
いったんまとめておこう！

【1章《しょう》| どうしておかたづけをするのかな？】

「いるもの」「いらないもの」を分《わ》けよう

ものを仕分《しわ》けるのが整理整《せいりせい》とんのスタートだよ！

おかたづけをする場所《ばしょ》を決《き》めたら、まずは、そこにあるものを全《ぜん》部《ぶ》出《だ》してみよう。そして、そこにあるものを1つずつ、いるものといらないものに分《わ》けてみよう。

ものの仕分《しわ》け方《かた》

出《だ》しっぱなしのもの　**しまっている場所《ばしょ》から出したもの**

1 いるもの

いま使《つか》っているものや、これから使《つか》う予定《よてい》が決《き》まっているもの。

2 いらないもの

ずっと使《つか》っていないものや、もう使《つか》えないもの。

3 えらべないもの

思《おも》い出《で》のものやプレゼントにもらったもの。

これから使《つか》う
エンチャント

鉄《てつ》のよろいは
もういらないかも

たからものの
ダイヤそうび！

いるもの（使《つか》っているもの）ってたとえばどんなもの？

・いまの学年《がくねん》の教科書《きょうかしょ》やノート
・使《つか》えるぶんぼうぐ
・ひつようなプリント
・よく読《よ》んでいる本《ほん》、新《あたら》しいざっし
・よく遊《あそ》んでいるおもちゃやゲーム
・大事《だいじ》にしているもの
・着《き》ている服《ふく》、これから着《き》る服《ふく》
・お正月《しょうがつ》、夏休《なつやす》み、クリスマスなどで、年《ねん》に１度《ど》はかならず使《つか》うもの

など

いらないもの（使《つか》っていないもの）ってたとえばどんなもの？

・前《まえ》の学年《がくねん》の教科書《きょうかしょ》やノート
・使《つか》いにくいぶんぼうぐ
・古《ふる》いプリント
・もう読《よ》まない本《ほん》、古《ふる》いざっし
・着《き》られない古《ふる》い服《ふく》、着《き》ていない服《ふく》
・もう遊《あそ》ばないおもちゃやゲーム
・こわれているもの

など

「いらないもの」はどうするといい？

かってにすてたりしないで、おうちの人《ひと》にどうすればいいか聞《き》いてみよう！　まだおうちで使《つか》うことがあったり、ほしがっている人《ひと》がいるかもしれないよ。

もしも、すてることになった場合《ばあい》は、
ちゃんと地《ち》いきの
ルールにしたがってすてよう

しまう場所《ばしょ》を決《き》めよう！

いるものをえらんだら、今度《こんど》はそれをどこにしまうか決《き》めよう。このとき、空《あ》いている場所《ばしょ》にてきとうに入《い》れるのはやめよう。

ものは、「ひつようなときに見《み》つけやすくて、使《つか》ったあとでしまいやすい場所《ばしょ》」にしまうのがいいよ。

たとえば、本《ほん》だなに本《ほん》をしまうとき

- よく読《よ》む本《ほん》は、取《と》り出《だ》したりしまったりしやすいだんにしまう
- あまり読《よ》まないけれど大切《たいせつ》な本《ほん》や、これから先《さき》読《よ》むかもしれない本《ほん》は、高《たか》いだんや低《ひく》いだんにしまう
- 重《おも》い本《ほん》は低《ひく》いだんにしまう

もう読《よ》まない本《ほん》や、古《ふる》いざっしをすてるのも大切《たいせつ》なことだね

しまい方《かた》のコツ

よく使《つか》う場所《ばしょ》の近《ちか》くに、おき場所《ばしょ》を決《き》めよう!

わざわざ使《つか》うたびに、遠《とお》い場所《ばしょ》まで取《と》りに行《い》かなくてすむよ。

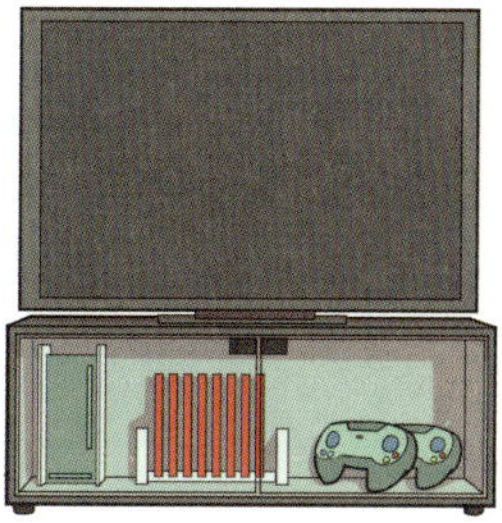

手《て》がとどきやすい場所《ばしょ》におければグッド!

よく使《つか》うものは、手《て》がとどきやすい高《たか》さがいいよ。

しまうものの大《おお》きさに合《あ》わせて、しまう場所《ばしょ》を決《き》めよう!

ものがいっぱいになったり、スカスカになるしまい方《かた》はさけよう。

よく使《つか》うものは、出《だ》し入《い》れしやすい場所《ばしょ》にしまおう!

たまにしか使《つか》わないものは、少《すこ》しくらい出《だ》し入《い》れしにくい場所《ばしょ》でもだいじょうぶ。

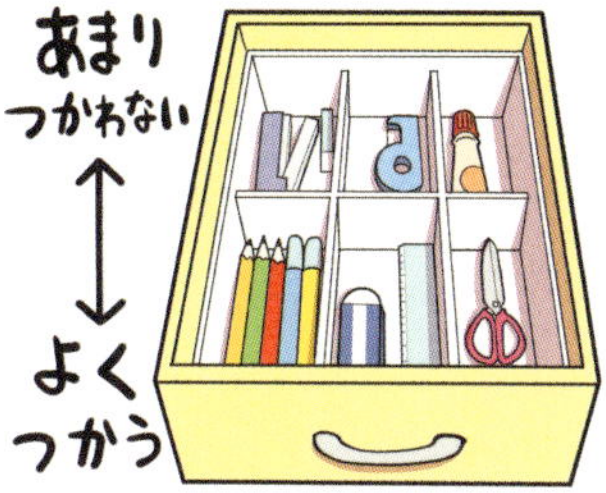

「いつものかたづけ」をつづけよう

いるものを、使《つか》いやすい場《ば》所《しょ》にしまえたら、おかたづけはおしまい？
……ちょっとまって！
きれいにかたづいたじょうたいを、ずっとつづけていくことが大切《たいせつ》なんだ。

ものを使《つか》うと、かならず「かたづいていないじょうたい」になる。これをきれいに整《ととの》えることで、いつもべんりな生活《せいかつ》ができるんだ！

生活《せいかつ》していると、ものはどんどんふえていくんだね
いつも整《せい》理《り》整《せい》とんができていれば、新《あたら》しくものが増《ふ》えたときも、ちょっとのおかたづけできれいにできるよ
どっさり

おかたづけをしたくないのって、どんなとき？

どうして、おかたづけをしたくないって思《おも》うのかな？

みんな、おかたづけがちょっとめんどうに感《かん》じるときがあるかも

かたづけるより遊《あそ》びたい！

ちょっとまった!

おかたづけができていると、宿題《しゅくだい》や学校《がっこう》のしたくがすぐにできる！　だからその分《ぶん》、遊《あそ》べる時間《じかん》がふやせるんだ！

時間《じかん》がかかる！

ちょっとまった!

「つくえの上《うえ》だけ」とか「1つの引《ひ》き出《だ》しだけ」みたいに、せまい場所《ばしょ》からかたづけていけばだいじょうぶ！　少《すこ》しずつでもつづけていけば、いつか家《いえ》を全部《ぜんぶ》おかたづけできる！

どこからやればいいか、分《わ》からない！

ちょっとまった!

「よく遊《あそ》んでいるおもちゃ」とか「学校《がっこう》に行《い》くときに持《も》っていくもの」みたいに、毎日使《まいにちつか》っているものがある場所《ばしょ》からかたづけてみよう。気《き》になったところから、少《すこ》しずつかたづけていこうね！

きみの「おかたづけタイプ」はどれかな？

　おかたづけをするとき、気《き》をつけるとよいことは、人《ひと》によってちがうんだ。自分《じぶん》のタイプを知《し》ると、おかたづけがもっとじょうずになるよ！

スタートからはじめて、自分《じぶん》に当《あ》てはまると思《おも》ったら「はい」の赤《あか》い矢《や》じるし→、当《あ》てはまらないと思《おも》ったら「いいえ」の青《あお》い矢《や》じるし→に進《すす》んでいってね。

START《スタート》

- 自分《じぶん》はめんどくさがりだと思《おも》う
  - はい → ものをえらぶときに、そんなにまよわない
  - いいえ → 買《か》ってもらったけど遊《あそ》んでいないおもちゃが多《おお》い
- ものをえらぶときに、そんなにまよわない
  - はい → 細《こま》かいことはあまり気《き》にしない
  - いいえ → 自分《じぶん》はすきなものが多《おお》いと思《おも》う
- 買《か》ってもらったけど遊《あそ》んでいないおもちゃが多《おお》い
  - はい → 自分《じぶん》はすきなものが多《おお》いと思《おも》う
  - いいえ → 使《つか》ったものをしまうのは苦手《にがて》
- 細《こま》かいことはあまり気《き》にしない
  - はい
  - いいえ
- 自分《じぶん》はすきなものが多《おお》いと思《おも》う
  - はい
  - いいえ
- 使《つか》ったものをしまうのは苦手《にがて》
  - はい
  - いいえ

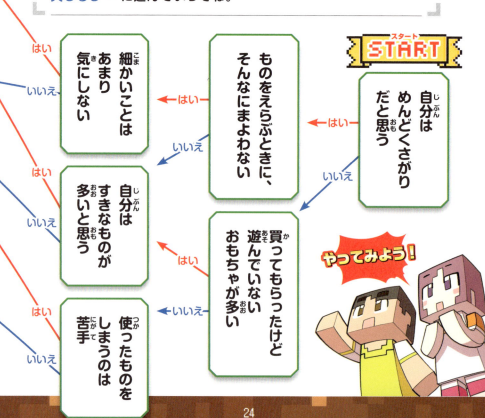

すきなことはがまんできない！
（はい → なんだかいつも、いそがしい気《き》がする！／いいえ → いろいろなものをコレクションするのがすき）

1いじゃなくて、2いや3いでもがまんできる
（はい → いろいろなものをコレクションするのがすき／いいえ → 何《なに》かをすてるとき、もったいないと思《おも》うことが多《おお》い）

買《か》いものをするとき、まよってしまう
（はい → いろいろなものをコレクションするのがすき／いいえ → 何《なに》かをすてるとき、もったいないと思《おも》うことが多《おお》い）

なんだかいつも、いそがしい気《き》がする！
（はい → エンダーマンタイプ／いいえ → スライムタイプ）

いろいろなものをコレクションするのがすき
（はい → スライムタイプ／いいえ → シュルカータイプ）

何《なに》かをすてるとき、もったいないと思《おも》うことが多《おお》い
（はい → シュルカータイプ／いいえ → クリーパータイプ）

きみは エンダーマン タイプ！

26ページをチェックしよう！

きみは スライム タイプ！

27ページをチェックしよう！

きみは シュルカー タイプ！

28ページをチェックしよう！

きみは クリーパー タイプ！

29ページをチェックしよう！

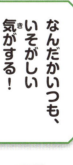

エンダーマン タイプ のきみは…

「出《だ》しっぱなしにしちゃう！」しまえないタイプ

しまうの
めんどくさいから、
ちょっと、
きゅうけい
していよう……

めんどうなことが苦《にが》手《て》で、いろいろなことをあと回《まわ》しにしてしまいがち！　仕《し》分《わ》けるのをあと回《まわ》しにすると、あとからもっとめんどうになってしまうよ！

エンダーマンはときどき、土《つち》ブロックを手《て》に持《も》ったまま歩《ある》いていることがあるよ。しまう場所《ばしょ》が分《わ》からないのかも……？

おかたづけ力《りょく》アップのポイント！

ものをしまうときに、「どこでどう使《つか》うか」を考《かんが》えて、使《つか》う場所《ばしょ》の近《ちか》くにしまおう。
引《ひ》き出《だ》しやペン立《た》てにシールをはって、
どこになにをしまうか分《わ》かりやすくするのもいいよ。

スライムタイプのきみは…

「ほしいものがいっぱい！」ふえてしまうタイプ

ぞうしょくぞうしょく！
ふやすの大《だい》すきだ！

新《あたら》しいものを買《か》ってもらったり、ふやしたりすることが大《だい》すき！　でも、ふやしてばかりでいると、ものをしまうための場《ば》所《しょ》が足《た》りなくなってしまうよ！

スライムはこうげきされると、分《ぶん》れつしてふえていく！　自分《じぶん》をふやしすぎて、おやつの取《と》り合《あ》いにならないのかな？

おかたづけ力《りょく》アップのポイント！

ものを買《か》ってもらう量《りょう》を、少《すこ》しへらしてみよう。
本当《ほんとう》にひつようなものかどうかよく考《かんが》えて、
１つふえたら、１つへらすようにすると、
ものがかたづくよ！

シュルカータイプ のきみは…

「大事《だいじ》な思《おも》い出《で》だから！」すてられないタイプ

大切《たいせつ》なものはしっかりがっちり
ガードしておきたいな

一度《いちど》手《て》に入《い》れたものは、あまり使《つか》うことがなくても、手放《てばな》せない！　ものを大切《たいせつ》にするのはいいけれど、いらないものがすてられないのはよくないよ！

シュルカーのからをそざいに使《つか》うと、なんでもしまえるシュルカーボックスという箱《はこ》が作《つく》れるよ。

おかたづけ力《りょく》アップのポイント！

本当《ほんとう》にひつようなものかどうか考《かんが》えて、持《も》ちものを仕分《しわ》けよう。

新《あたら》しいものをふやすとき、「どこをかたづければ、しまえるかな？」と計画《けいかく》を立《た》ててみて！

クリーパー タイプ のきみは…

「いるかいらないか分《わ》からない！」仕分《しわ》けられないタイプ

うーん、
よく分《わ》からないから、
全部《ぜんぶ》ばくはつ
させちゃえば
いいんじゃない？

ものを仕分《しわ》けるのが苦手《にがて》かも？　よく考《かんが》えずにすてたり、しゅるいがちがうものをてきとうにまとめても、きちんとかたづけたことにはならないよ！

クリーパーは大《だい》ばくはつを起《お》こして、いろいろなものをふきとばしてしまう。とってもキケンだ！

おかたづけ力《りょく》アップのポイント！

もののしゅるいを仕分《しわ》けるとき、
「これは工作《こうさく》のときに使《つか》うなかま」
「これは国語《こくご》の時間《じかん》に使《つか》うなかま」というふうに、
よく考《かんが》えてみよう！

COLUMN

かたづけじょうずは勉《べん》強《きょう》もゲームもじょうず!?

頭《あたま》の中《なか》も整《せい》理《り》整《せい》とんしよう

おかたづけがじょうずになると、頭《あたま》の中《なか》の考《かんが》えもじょうずに整《せい》理《り》できるようになるよ。

やるべきこととやらなくていいことを仕《し》分《わ》けて、いろいろなことをじょうずに進《すす》められるようになるんだ。たとえば、国《こく》語《ご》や算《さん》数《すう》の問《もん》題《だい》を落《お》ち着《つ》いて考《かんが》えられるようになるかも!

マイクラでも、計《けい》画《かく》を立《た》ててじょうずにこうりゃくできちゃうよ!

スティーブ、どうくつを見《み》つけたけれど、どうやってこうりゃくする?

たいまつとパンはひつようだね。こわれたときのために、予《よ》びのツルハシも持《も》っていこう!

やるじゃないスティーブ! 考《かんが》えがしっかり整《せい》理《り》できてる!

2

章《しょう》

持《も》ちものをじょうずにかたづけよう！

ぶんぼうぐ、おもちゃ、ゲーム…
持《も》ちものをしゅるいに分《わ》けてしまってみよう！
と中《なか》に出《で》てくる「タイプ」については、
24ページから29ページを見《み》てみてね！

ぶんぼうぐをかたづけよう！

ダイヤモンドをほるためには、鉄《てつ》のツルハシがひつようだけれど、見《み》つからない！

みんなが勉強《べんきょう》やおえかきで使《つか》うえんぴつや消《け》しゴムでも、同《おな》じようなことがないかな？

どちらも、整理整《せいりせい》とんができていれば、ひつようなときにすぐ用意《ようい》できるようになるんだよ。

鉄《てつ》のツルハシ、どこにやったっけ？

あれ、消《け》しゴムどこにいった～？

「整理整《せいりせい》とん」できていればこまらない！

きみが持《も》っているぶんぼうぐは、どんなようすかな？次《つぎ》の4つの中《なか》から、近《ちか》いものをえらぼう！

1 出《だ》しっぱなし！

えんぴつやペンは、つくえの上《うえ》に出《だ》しっぱなし。

2 新《あたら》しいものがすき！

新《あたら》しいぶんぼうぐを、どんどん買《か》い足《た》している。使《つか》わないものもたくさんある。

3 てきとうな場所《ばしょ》に放《ほう》りこんでいる！

ぶんぼうぐはてきとうな場《ば》所《しょ》に放《ほう》りこんでいて、さがすのがめんどう。

4 ずっと持《も》っているものがある！

短《みじか》くなったえんぴつや、われた消《け》しゴムなど、使《つか》わないものをずっと持《も》っている。

NEXT

次《つぎ》のページで、当《あ》てはまるアドバイスを見《み》てみよう！

※当《あ》てはまることがたくさんあってもOK《オーケー》だよ！

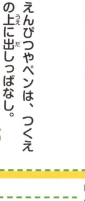

1

出《だ》しっぱなし！

エンダーマンタイプ

をえらんだきみは…

部屋《へや》がちらかっていると、集中力《しゅうちゅうりょく》が下《さ》がってしまう！　しまう場所《ばしょ》をつくって、使《つか》ったあとはきちんとしまうようにしよう。ものをなくしづらくなるよ！

2

新《あたら》しいものがすき！

スライムタイプ

をえらんだきみは…

本当《ほんとう》に新《あたら》しく買《か》うひつようはあるのかな？　ものが多《おお》いと、しまう場所《ばしょ》がへってしまうよ。いま使《つか》っているものを大切《たいせつ》にしよう！

3

てきとうな場所《ばしょ》に放《ほう》りこんでいる！

クリーパータイプ

をえらんだきみは…

ぶんぼうぐごとにしまう場所《ばしょ》を決《き》めておこう。しまう場所《ばしょ》が決《き》まっていれば、次《つぎ》に使《つか》うときにさがさないですむよ！

4

ずっと持《も》っているものがある！

シュルカータイプ

をえらんだきみは…

使《つか》わないものがおいてあると、本《ほん》当《とう》にひつようなもののジャマになって、さがすことになってしまうよ。

ぶんぼうぐのかたづけ方《かた》を見《み》直《なお》そう！

ぶんぼうぐをいつも、決《き》まった場所《ばしょ》にしまっておけば、ひつようなときすぐに取《と》り出《だ》せるようになるよ。

宿題《しゅくだい》をするとき、工作《こうさく》をするとき、すぐにスタートできると、気持《きも》ちいいよね！

すぐに作業《さぎょう》がはじめられたぞ！

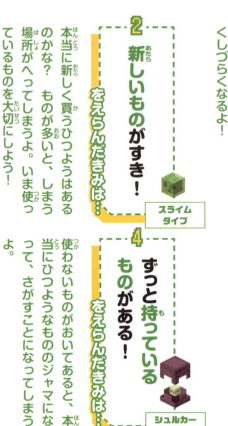

ぶんぼうぐのきれいなしまい方《かた》!

トレイを使《つか》って、箱《はこ》や引《ひ》き出《だ》しの中《なか》で仕分《しわ》けよう。

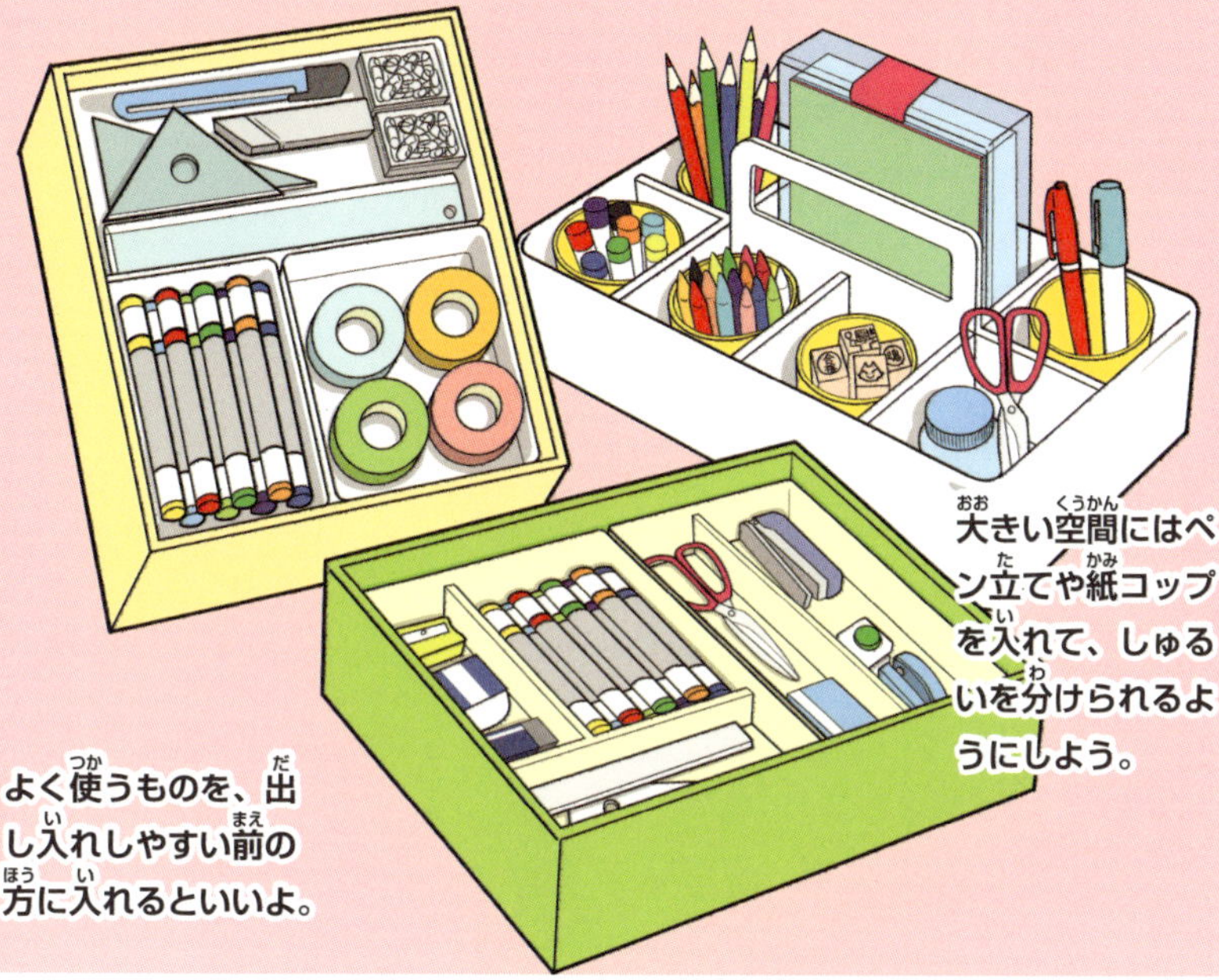

大《おお》きい空間《くうかん》にはペン立《た》てや紙《かみ》コップを入《い》れて、しゅるいを分《わ》けられるようにしよう。

よく使《つか》うものを、出《だ》し入《い》れしやすい前《まえ》の方《ほう》に入《い》れるといいよ。

けいけんちゲット!

いつも使《つか》うぶんぼうぐを、どうやってしまえばいいか分《わ》かった!

【2章《しょう》｜持《も》ちものをじょうずにかたづけよう！】

おもちゃをかたづけよう！

武器《ぶき》や防具《ぼうぐ》を作《つく》るためには、ダイヤモンドや木材《もくざい》で作《つく》った棒《ぼう》など、いろいろなそざいを組《く》み合《あ》わせるよね。

おもちゃだって同《おな》じ！ブロックやカード、ミニカーなど、たくさんのものを組《く》み合《あ》わせて遊《あそ》ぶけれど、きちんとしまわないと、どうなってしまうかな？

ここにおいてた
ダイヤモンド、
どこにいったんだ？

大切《たいせつ》な
レアカードがない!?
どうしよう！

大切《たいせつ》なものがなくならないように、しまっておこう！

きみが持《も》っているおもちゃは、どんなようすかな？次《つぎ》の4つの中《なか》から、近《ちか》いものをえらぼう！

1 新《あたら》しいおもちゃがすぐふえる！

ほしいおもちゃがふえていく！　古《ふる》いおもちゃはどこにいったかおぼえていない。

2 ゆかの上《うえ》におもちゃが落《お》ちている

遊《あそ》び終《お》わったおもちゃは、またすぐ遊《あそ》べるように、ゆかの上《うえ》においたまま。

3 なんでもおもちゃ箱《ばこ》に入《い》れている！

大《おお》きなおもちゃも、小《ちい》さなおもちゃも、同《おな》じ箱《はこ》にしまっている。

4 こわれたおもちゃをずっとおいてある！

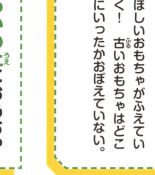

音《おと》が鳴《な》らなかったり、動《うご》かなかったりするおもちゃも、しまっている。

NEXT

次《つぎ》のページで、当《あ》てはまるアドバイスを見《み》てみよう！

※当《あ》てはまることがたくさんあってもOK《オーケー》だよ！

1

新《あたら》しいおもちゃがすぐふえる！をえらんだきみは…

スライムタイプ

おもちゃがふえすぎると、どこにしまったか分《わ》からなくなってしまうかも！　新《あたら》しく買《か》ってもらう前《まえ》に、本当《ほんとう》にひつようなものか考《かんが》えてみよう。

2

ゆかの上《うえ》におもちゃが落《お》ちているをえらんだきみは…

エンダーマンタイプ

ゆかの上《うえ》においたおもちゃを、ふんでしまうかも！　おもちゃがこわれたり、自分《じぶん》や家族《かぞく》がケガをしてしまうかもしれないから、ゆかなどの場所《ばしょ》におくのはやめよう。

3

なんでもおもちゃ箱《ばこ》に入《い》れている！をえらんだきみは…

クリーパータイプ

整理整《せいりせい》とんをしないで、1つの箱《はこ》に入《い》れている場合《ばあい》、ひつようなときにすぐ取《と》り出《だ》せなくて、こまってしまうよ！

4

こわれたおもちゃをずっとおいてある！をえらんだきみは…

シュルカータイプ

電池《でんち》をかえたり、しゅうりしたりして、使《つか》えるようにならないかな？　もう遊《あそ》べなかったり、こわれている場合《ばあい》、すてたほうがいいかも。

おもちゃのしまい方《かた》を考《かんが》えよう

おもちゃはいろいろな大《おお》きさ、いろいろなしゅるいのものがあるから、しまい方《かた》を考《かんが》えよう。整理整《せいりせい》とんすると、遊《あそ》びたいときにすぐ取《と》り出《だ》せるようになるし、なくす心配《しんぱい》がないよ。

どこに何《なに》があるか、分《わ》かりやすい！

次《つぎ》も遊《あそ》びやすくなる、おもちゃのしまい方《かた》！

ぬののボックスに
大《おお》きいおもちゃ。

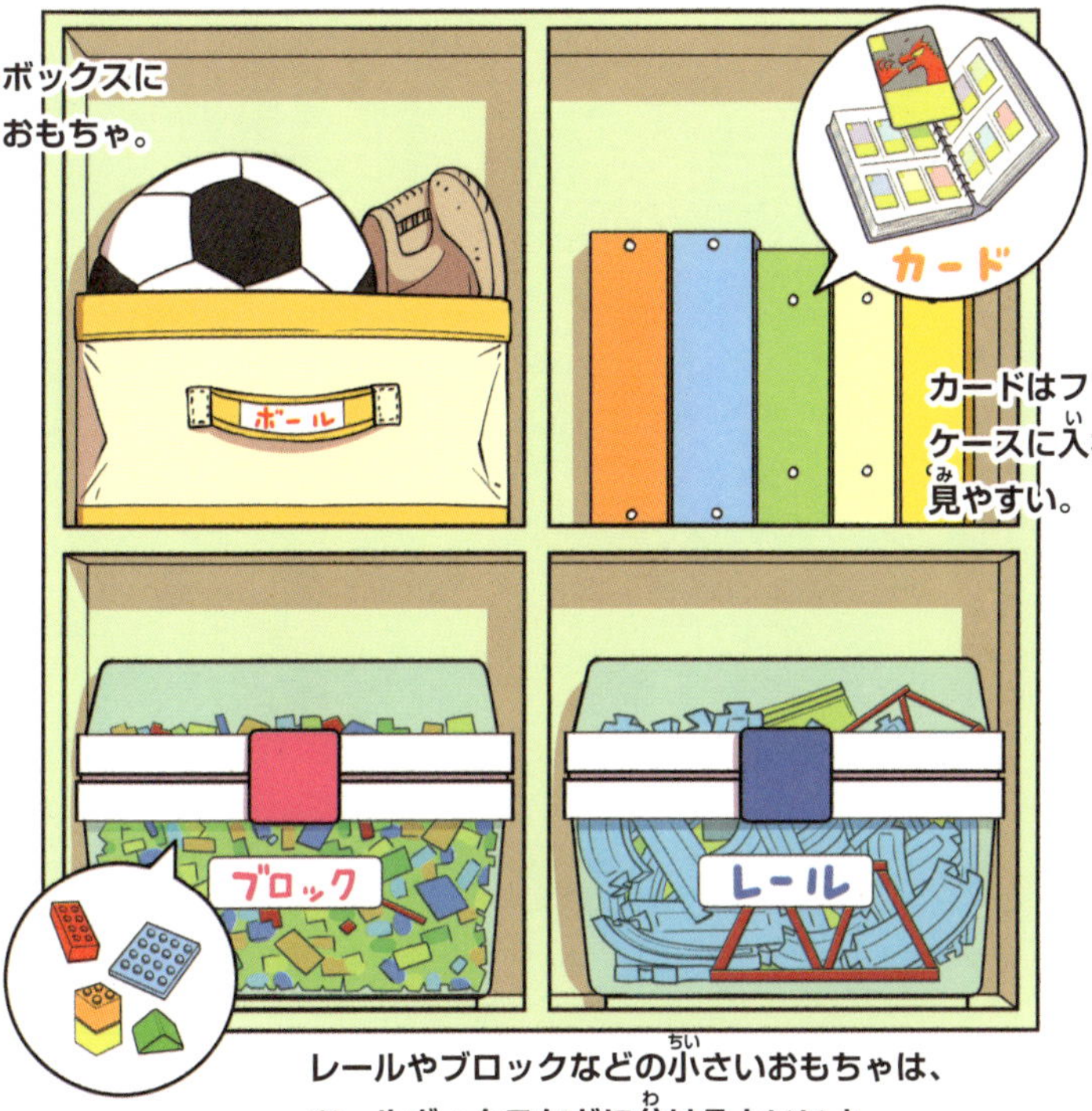

カードはファイル
ケースに入《い》れると
見《み》やすい。

レールやブロックなどの小《ちい》さいおもちゃは、
ツールボックスなどに分《わ》けるといいよ。

けいけんちゲット！

大切《たいせつ》なおもちゃを、なくさないように
しまう方《ほう》ほうが分《わ》かった！

【2章《しょう》｜持《も》ちものをじょうずにかたづけよう！】

ゲーム、タブレット、スマホをかたづけよう！

ぶきやぼうぐのそざいを作《つく》るためには、かまどにこう石《せき》を入《い》れてせいれんするひつようがある。

かまどとこう石《せき》のように、セットで使《つか》うものは、みんなの身《み》の回《まわ》りにもあるよ。たとえば、ゲームき、ゲームソフト、じゅう電《でん》きは、どれか1つがなくなると、こまってしまうよね。

ダイヤモンドを作《つく》ろうとしたら、
ダイヤモンドこう石《せき》が1つ足《た》りない！

ソフトはあるけど
じゅう電《でん》きもゲームきも
どこにやったっけ？

いっしょに使《つか》うものは同《おな》じ場所《ばしょ》にしまおう

きみが持《も》っているゲームきやタブレットは、どんなようすかな？ 次《つぎ》の4つの中《なか》から、近《ちか》いものをえらぼう！

1 使《つか》っていないタブレットのじゅう電《でん》きがおいてある

いま使《つか》っているじゅう電《でん》きと、使《つか》っていないじゅう電《でん》きがいっしょになっている。

2 ゲームきもソフトもじゅう電《でん》きも、ごちゃごちゃにしまっている

ゲームにかん係《けい》しているものは、同《おな》じかごにまとめて入《い》れている。

3 ソファやベッドの上《うえ》においてある

横《よこ》になってゲームをしたり動画《どうが》を見《み》たりしたあと、そのままおいている。

4 クリアしていないゲームが多《おお》い！

遊《あそ》び終《お》わっていないゲームが多《おお》いけど、新《あたら》しいゲームがほしい！

NEXT

次《つぎ》のページで、当《あ》てはまるアドバイスを見《み》てみよう！

※当《あ》てはまることがたくさんあってもOK《オーケー》だよ！

1 使《つか》っていないタブレットのじゅう電《でん》きがおいてある

をえらんだきみは…

シュルカータイプ

使《つか》いたいじゅう電《でん》きを出《だ》すときにジャマになってしまうから、使《つか》っていないじゅう電《でん》きはべつの場《ば》所《しょ》にしまっておこう！

2 ゲームきもソフトもじゅう電《でん》きも、ごちゃごちゃにしまっている

をえらんだきみは…

クリーパータイプ

かん係《けい》があるものを、近《ちか》くにしまうのはとてもよいこと。さらに、きれいにまとめておくと、ひつようなときに使《つか》いやすくなるよ！

3 ソファやベッドの上《うえ》においてある

をえらんだきみは…

エンダーマンタイプ

ゲームきやタブレットはこわれやすいから、気《き》がつかずにふんでしまったら、たいへんだ！ ねだんの高《たか》いものだし、安《あん》全《ぜん》な場《ば》所《しょ》にしまっておこう。

4 クリアしていないゲームが多《おお》い！

をえらんだきみは…

スライムタイプ

いま持《も》っているゲームは、まだまだ遊《あそ》べるんじゃないかな？ ソフトをおく場《ば》所《しょ》を整《せい》理《り》して、ひさしぶりに遊《あそ》んでみると、新《あたら》しい発《はっ》見《けん》があるかも！

ゲームきやタブレットを整《せい》理《り》する！

ゲームきなどのきかいは、ていねいにしまったほうが、こわれにくい。使《つか》いたいときにすぐ取《と》り出《だ》せるよう、しまい方《かた》をくふうしよう。タブレットなどは、学《がっ》校《こう》からかりているものもあるから、大《だい》事《じ》にしよう！

きちょうなこう石《せき》はていねいにあつかうぞ！

ゲームきやタブレットのていねいなしまい方《かた》！

ファイルボックスやブックスタンドを使《つか》うと、タブレットやゲームきを立《た》ててしまえる。
このままじゅう電《でん》もできる。
箱《はこ》を仕《し》切《き》って、ゲームきやソフトなどをしまう。

けいけんちゲット！

大切《たいせつ》なゲームきやタブレットを
安全《あんぜん》にしまうことをおぼえた！

服《ふく》を かたづけよう！

ぼうけんに出《で》かけるときは、ヘルメットやチェストプレートなどのそうびを着《き》るのがきほん！

みんなもぼうしをかぶって、シャツを着《き》て、ズボンとくつ下《した》をはいて…。毎日《まいにち》、お気《き》に入《い》りの服《ふく》を着《き》て出《で》かけていると思《おも》う。どちらもしゅるいがいろいろあるけれど、すばやくえらぶにはどうすればいいかな？

ヘルメットとレギンスとブーツと…
チェストプレートはどれにしよう？

はやく着《き》がえないと
ちこくしちゃうよー！

毎朝《まいあさ》やることをスピードアップしよう！

いつも着《き》ている服《ふく》、どうなっているかな？ 次《つぎ》の4つの中《なか》から、近《ちか》いものをえらぼう！

1

ゆかに服《ふく》が落《お》ちていて、つまずいてしまう！

服《ふく》をおきっぱなしにしているから、ゆかにちらばって歩《ある》くのがたいへん。

2

もう小《ちい》さくてサイズが合《あ》わない服《ふく》がいっぱい！

きつくてはけないズボンや、小《ちい》さすぎるくつ下《した》でも、すきなデザインだからすてたくない。

3

まだ着《き》られるけど、気《き》に入《い》っていない服《ふく》が多《おお》い！

いつだって新《あたら》しい服《ふく》がほしい！　着《き》られるけど着《き》ていない服《ふく》がたくさんある。

4

ズボンを取《と》ろうとしたらパンツが出《で》てきた！

服《ふく》をしまっている場所《ばしょ》に、上着《うわぎ》も下着《したぎ》もまざっていて、どこになにがあるか分《わ》からない！

NEXT

次《つぎ》のページで、当《あ》てはまるアドバイスを見《み》てみよう！

※当《あ》てはまることがたくさんあってもＯＫ《オーケー》だよ！

1 ゆかに服《ふく》が落《お》ちていて、つまずいてしまう！ をえらんだきみは…

エンダーマンタイプ

落《お》ちている服《ふく》は、これから着《き》るもの？　それともぬいだもの？　どちらの場合《ばあい》でも、正《ただ》しいおき場所《ばしょ》に持《も》っていこう。

2 もう小《ちい》さくてサイズが合《あ》わない服《ふく》がいっぱい！ をえらんだきみは…

シュルカータイプ

着《き》られない服《ふく》が多《おお》いと、服《ふく》をしまう場所《ばしょ》が足《た》りなくなってしまう。それに、着《き》られる服《ふく》をえらぶときにジャマになるかもしれない。整《せい》理《り》しよう。

3 まだ着《き》られるけど、気《き》に入《い》っていない服《ふく》が多《おお》い！ をえらんだきみは…

スライムタイプ

まだあまり着《き》ていないのに「いらない」と思《おも》った服《ふく》は、だれかにえらんでもらったものかな？　服《ふく》を買《か》うときは、自分《じぶん》で着《き》たい服《ふく》をえらぶのがおすすめだよ。

4 ズボンを取《と》ろうとしたらパンツが出《で》てきた！ をえらんだきみは…

クリーパータイプ

服《ふく》をしまう場所《ばしょ》の中《なか》はどうなっているかな？　整理整《せいりせい》とんをして、ズボンはズボン、パンツはパンツと、しっかり分《わ》けてしまうといいよ。

整理《せいり》してあればスピードアップできる！

シャツやズボンをしまっている場所《ばしょ》を、きちんと整《せい》理《り》しておけば、すばやく服《ふく》をえらべる。そうなれば朝《あさ》、学《がっ》校《こう》に行《い》くしたくをするとき、あっという間《ま》に着《き》がえられるんだ。

すばやく着《き》がえて、ダイヤさがしに出発《しゅっぱつ》だ！

あっという間《ま》にそうびできる!? 服《ふく》のしまい方《かた》

シャツやパンツ、くつ下《した》など、しゅるいを分《わ》けて、たたんでしまおう。

コートなど長《なが》めの服《ふく》や、しわをつけたくない服《ふく》は、ハンガーにかけよう。

引《ひ》き出《だ》しに仕《し》切《き》りを入《い》れるといいよ。

けいけんちゲット!

ふだん着《き》ている服《ふく》を、
きれいにしまうやり方《かた》が分《わ》かった!

本《ほん》、教科書《きょうかしょ》、ノートをかたづけよう！

エンチャントの本《ほん》を使《つか》うと、アイテムにとくべつなこうかをつけられる。エンチャントのしゅるいによって、つけられるアイテムが決《き》まっているね。

教科書《きょうかしょ》やノートもにているよ。国語《こくご》の教科書《きょうかしょ》と組《く》み合《あ》わせて使《つか》うのは、国語《こくご》のノートや漢字《かんじ》のドリルだよね。組《く》み合《あ》わせやすいように、かたづけることはできるかな？

ヘルメットに水中《すいちゅう》こきゅうのエンチャントをつけたいのに、ちがうエンチャントの本《ほん》しかない！

明日《あした》は国語《こくご》だから国語《こくご》の教科書《きょうかしょ》とノートを……あれ？　算数《さんすう》のノートとドリルしかない！
国語
3
算数
3

そろえやすいように、まとめられていれば！

教科書《きょうかしょ》やノートは使《つか》わないときどうなっている?次《つぎ》の4つの中《なか》から、近《ちか》いものをえらぼう!

1 べつのじゅぎょうの教科書《きょうかしょ》とノートがごちゃまぜ

国語《こくご》や算数《さんすう》の教科書《きょうかしょ》、ノート、ドリルがまざっておいてある。

2 プリントやノートがつみ重《かさ》なっている!

プリントやノートが、たなやつくえに、つみ重《かさ》なっている。

3 書《か》き終《お》えたノートや終《お》わったドリルがある

いま使《つか》っているノートと、もう使《つか》わないノートがならんでいる。

4 つくえに広《ひろ》げたまま!

宿題《しゅくだい》をして、つくえやテーブルなどにおいたら、そのままにしている。

NEXT

次《つぎ》のページで、当《あ》てはまるアドバイスを見《み》てみよう!

※当《あ》てはまることがたくさんあってもOK《オーケー》だよ!

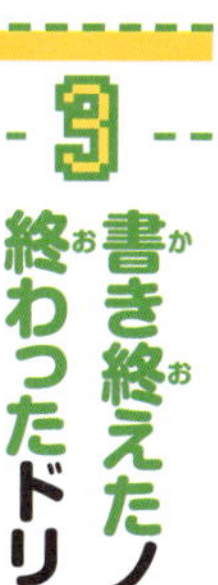

1

べつのじゅぎょうの教《きょう》科《か》書《しょ》とノートがごちゃまぜ

をえらんだきみは…

クリーパータイプ

学校《がっこう》の時間《じかん》わりどおり教科書《きょうかしょ》をそろえたはずなのに、間《ま》ちがった組《く》み合《あ》わせのノートを持《も》っていって、わすれものしちゃうかも。正《ただ》しい組《く》み合《あ》わせでまとめておこう！

2

プリントやノートがつみ重《かさ》なっている！

をえらんだきみは…

スライムタイプ

本《ほん》や紙《かみ》をつみ重《かさ》ねておくと、ひつようになったとき、どこにおいたか分《わ》からなくなってしまう。くずれてしまうこともあるから、立《た》てしまうほうがいいよ。

3

書《か》き終《お》えたノートや終《お》わったドリルがある

をえらんだきみは…

シュルカータイプ

いつも使《つか》うものと、しばらく使《つか》う予《よ》定《てい》がないものは、分《わ》けておこう。かん係《けい》ないものがあると、使《つか》いたいものを見《み》つけにくくなってしまうよ。

4

つくえに広《ひろ》げたまま！

をえらんだきみは…

エンダーマンタイプ

広《ひろ》げたままにしておくと、そこでほかのことができなくなってしまう！　一度《いちど》しまっておけば、よごしたりなくしたりする心配《しんぱい》もなくなるよ。

本《ほん》や教科書《きょうかしょ》、ノートを整《せい》とんしよう

本《ほん》やプリントなどの紙《かみ》は、ないようによって分《わ》けられるもの。だから、かん係《けい》のあるものをグループにしてまとめておこう。

くふうをすれば、べんりなうえに見《み》た目《め》もすっきりするよ。

グループでまとめれば、すっきりきれい！

本《ほん》や教科書《きょうかしょ》はしゅるいや大《おお》きさで分《わ》けよう！

教科《きょうか》ごとにファイルボックスを決《き》めて、そこにノートや教科書《きょうかしょ》を分《わ》けてならべよう。
本《ほん》は高《たか》さの近《ちか》いものをならべよう！

けいけんちゲット！

本《ほん》や教科書《きょうかしょ》、ノートを、使《つか》いやすいように分《わ》けられた！

【 2章《しょう》 | 持《も》ちものをじょうずにかたづけよう！ 】

学《がっ》校《こう》で使《つか》う道《どう》具《ぐ》をかたづけよう！

どうくつや深海《しんかい》で暗《あん》しのポーションを使《つか》うと、暗《くら》いところを見《み》わたせる。ポーションはひつようになったときだけ、持《も》っていくことが多《おお》いよ。

学《がっ》校《こう》でも、体《たい》そう着《ぎ》ぶくろや絵《え》の具《ぐ》セットのように、ひつようなときだけ使《つか》う持《も》ちものがあるね。こういう持《も》ちものを、家《いえ》でしっかり整《せい》理《り》整《せい》とんできるかな？

うわあ！　暗《あん》しのポーションと間《ま》ちがえて、どくのポーションを飲《の》んじゃった！

あれー？　算数《さんすう》セットにどうして絵《え》の具《ぐ》が入《はい》ってるんだ!?
さんすうセット
あか
RED
さんすうセット

学《がっ》校《こう》で使《つか》うものは家《いえ》でしっかりじゅんびしよう

学校《がっこう》で使《つか》う道具《どうぐ》で、こまったことはある？ 次《つぎ》の4つの中《なか》から、近《ちか》いものをえらぼう！

1

ふくろにしまったつもりが、体育《たいいく》のぼうしをわすれる！

体《たい》そう着《ぎ》ぶくろの中《なか》に入《い》れておかないといけないセットが、足《た》りないことがある。

2

空《から》っぽの絵《え》の具《ぐ》チューブが入《はい》っている！

買《か》いかえないといけないのに、もう使《つか》えない古《ふる》いものをずっと持《も》っている。

3

きゅう食《しょく》ぶくろは新《あたら》しいアニメやゲームのデザインがいい！

きゅう食《しょく》ぶくろや手《て》さげカバンは、いつも新《あたら》しいキャラクターのものがほしい！

4

手《て》さげバッグの中《なか》身《み》がごちゃごちゃ！

手《て》さげバッグにしまわないといけないものが、うまく入《はい》りきらないことがある。

NEXT

次《つぎ》のページで、当《あ》てはまるアドバイスを見《み》てみよう！

※当《あ》てはまることがたくさんあってもＯＫ《オーケー》だよ！

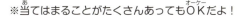

1 ふくろにしまったつもりが、体育《たいいく》のぼうしをわすれる！

エンダーマンタイプ

をえらんだきみは…

学校《がっこう》に持《も》っていくものは、ふだんからまとめてかん理《り》しておこう。ひつようなとき、決《き》まった場所《ばしょ》から取《と》り出《だ》せるようにしておくといいよ。

2 空《から》っぽの絵《え》の具《ぐ》チューブが入《はい》っている！

シュルカータイプ

をえらんだきみは…

学校《がっこう》で使《つか》うものは、夏休《なつやす》みなどで家《いえ》に持《も》ち帰《かえ》ったときにきちんと見《み》直《なお》そう。足《た》りないものを買《か》い足《た》したり、こわれたところを直《なお》したりしよう！

3 きゅう食《しょく》ぶくろは新《あたら》しいアニメやゲームのデザインがいい！

スライムタイプ

をえらんだきみは…

まだ使《つか》えるものがあるなら、「新《あたら》しいものがいい！」とおねだりするのではなく、今《いま》あるものを長《なが》く大事《だいじ》に使《つか》おう！

4 手《て》さげバッグの中身《なかみ》がごちゃごちゃ！

クリーパータイプ

をえらんだきみは…

手《て》さげバッグの中《なか》にものを入《い》れるときも、整理整《せいりせい》とんすることを考《かんが》えよう！　上《うえ》からのぞいたときに、中身《なかみ》が全部《ぜんぶ》見《み》えるように入《い》れるといいよ。

学校《がっこう》へ行《い》く日《ひ》の朝《あさ》にあせらないために！

学校《がっこう》で使《つか》うものを、ひつようになった日《ひ》にあわててそろえるのはたいへん。先《さき》に、家《いえ》の中《なか》で整理整《せいりせい》とんをしておこう。足《た》りなくなったものが分《わ》かるし、わすれてしまう心《しん》配《ぱい》がなくなるんだ。

どうくつで使《つか》うポーションは、ここ！

学校《がっこう》に持《も》っていく道具《どうぐ》のしまい方《かた》!

箱《はこ》のようなかたいものは下《した》、ふくろのようなやわらかいものは上《うえ》におく。

外《そと》にものが出《で》てこないようにしよう。ほかの人《ひと》がぶつかってしまうかも!

ムリにつめこまないように注意《ちゅうい》!

けいけんちゲット!

学校《がっこう》で使《つか》う道具《どうぐ》を、家《いえ》でどうしまえばいいか分《わ》かった!

【 2章《しょう》｜持《も》ちものをじょうずにかたづけよう！ 】

スポーツ用品《ようひん》、習《なら》い事《ごと》の道具《どうぐ》をかたづけよう！

遠《とお》くの地形《ちけい》（バイオーム）までたんけんに行《い》くときは、馬《うま》に乗《の》って行《い》くと早《はや》い！　馬《うま》とのたんけんには、よろいやリードなどの道具《どうぐ》をじゅんびするよね。

みんながスポーツをしたり、習《なら》い事《ごと》に行《い》くときも同《おな》じだね。道具《どうぐ》やそうびがひつようになるけれど、ふだんはどうしているかな？

この前《まえ》出《で》かけたときはあったのに…
ダイヤの馬《うま》よろい、どこにおいたかな？

むかし使《つか》ってた
小《ちい》さいヘルメットしかない！
いま使《つか》えるヘルメットは
どこにおいたっけ？
ムリムリ
ピッタリ
……

帰《かえ》ったらすぐしまえるようにしたいね！

スポーツや習《なら》い事《ごと》の道具《どうぐ》について、にていることはある？次《つぎ》の4つの中《なか》から、近《ちか》いものをえらぼう！

1 習《なら》い事《ごと》から帰《かえ》ってきて、リビングにおいたままにしている

習《なら》い事用《ごとよう》のかばんやスポーツバッグは、てきとうな場《ば》所《しょ》においている！

2 友《とも》だちが持《も》っている道具《どうぐ》と、同《おな》じものがほしくなる

まだはけるシューズを持《も》っているけど、新《あたら》しいシューズがほしい！

3 サイズが合《あ》わなくなった道具《どうぐ》をいつまでもおいている

もう使《つか》えないものでも、いつも使《つか》う道具《どうぐ》といっしょにしまっている！

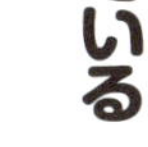

4 習《なら》い事《ごと》の道具《どうぐ》と学校《がっこう》のものがいっしょにしまってある

たなやバッグの中《なか》がごちゃごちゃしていて、習《なら》い事《ごと》とかん係《けい》ないものが出《で》てくることがある！

NEXT

次《つぎ》のページで、当《あ》てはまるアドバイスを見《み》てみよう！

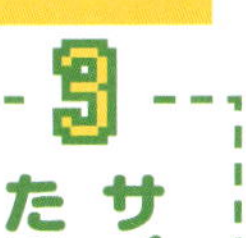

※当《あ》てはまることがたくさんあってもOK《オーケー》だよ！

1

習《なら》い事《ごと》から帰《かえ》ってきて、リビングにおいたままにしている

をえらんだきみは…

エンダーマンタイプ

おいたままにしていた道具《どうぐ》が、いつの間《ま》にかどこかに行《い》っていることはない？　ふだんから、帰《かえ》ってきたらどこにおくかを決《き》めておくといいよ！

2

友《とも》だちが持《も》っている道具《どうぐ》と、同《おな》じものがほしくなる

をえらんだきみは…

スライムタイプ

新《あたら》しい道具《どうぐ》を用意《ようい》するためには、お金《かね》がかかるよ。何度《なんど》も買《か》いかえたりしないで、使《つか》える道具《どうぐ》はさいごまでしっかり使《つか》おう。

3

サイズが合《あ》わなくなった道具《どうぐ》をいつまでもおいている

をえらんだきみは…

シュルカータイプ

使《つか》わなくなった道具《どうぐ》を整理《せいり》してみよう。どうしてもすてたくない、思《おも》い出《で》の品物《しなもの》だったとしたら、いつも使《つか》っている道具《どうぐ》とはべつの場《ば》所《しょ》におくといいよ。

4

習《なら》い事《ごと》の道具《どうぐ》と学校《がっこう》のものがいっしょにしまってある

をえらんだきみは…

クリーパータイプ

習《なら》い事《ごと》に行《い》くのと、学校《がっこう》に通《かよ》うのでは、持《も》っていくものがちがうはず。だから、べつべつの場所《ばしょ》にしまって、区《く》べつするようにしよう。

行《い》き先《さき》によってべつのじゅんびをしておこう

学校《がっこう》に行《い》くとき、習《なら》い事《ごと》に行《い》くとき、スポーツをしに行《い》くときなど、行《い》き先《さき》によってひつようなものはちがうよね。それぞれ、おき場所《ばしょ》を決《き》めて、ひつようなものをまとめておこう。

遠《とお》くに行《い》くときの馬《うま》よろいは、このセット！

出《で》かけた先《さき》で使《つか》う道具《どうぐ》を整理《せいり》しよう！

ひつようなものは、セットにしておこう。
出《で》かけるときにヘルメットとカバンをいっしょに持《も》っていくのなら、近《ちか》くにおくことで、わすれものをふせげる。
同《おな》じ行《い》き先《さき》で使《つか》うものは、同《おな》じ場所《ばしょ》にしまっておくといい。

LEVEL《レベル》 UP《アップ》!

スポーツや習《なら》い事《ごと》で使《つか》う道具《どうぐ》のしまい方《かた》が分《わ》かった！

COLUMN

かたづけていればなんでも早《はや》くできるようになる！

楽《たの》しい時《じ》間《かん》をもっとふやせる！

部屋《へや》がかたづいていると、いろいろなことがスピードアップするよ。

たとえば、学《がっ》校《こう》に行《い》くじゅんびをするとき、ひつようなものがすぐに見《み》つかるから、早《はや》くじゅんびを終《お》わらせられるし、間《ま》ちがえにくいよ。

ゲームをするときも、コントローラーやソフトがすぐに取《と》り出《だ》せて、早《はや》く遊《あそ》べるかも。時《じ》間《かん》によゆうができるから、楽《たの》しいことがいっぱいできるね！

スティーブ、このおのはどこにおこうかな？

うーん、とびらの近《ちか》くの箱《はこ》に入《い》れておこう。そうすれば、森《もり》に行《い》くときすぐに持《も》っていけるよ！

そうだね！　そうすれば、次《つぎ》のぼうけんに行《い》くときもこまらないね！

3

章《しょう》

場《ば》所《しょ》をきれいにかたづけよう!

つくえの上《うえ》や引《ひ》き出《だ》しの中《なか》…
ランドセルやロッカーなどの場《ば》所《しょ》も整《せい》理《り》整《せい》とん!
使《つか》いやすいようにくふうすれば、
おかたづけはかんぺきだよ!

【3章《しょう》｜場《ば》所《しょ》をきれいにかたづけよう！】

つくえの上《うえ》を整理《せいり》するコツ

マイクラでは作業台《さぎょうだい》を使《つか》って、いろいろなアイテムをクラフトする（作《つく》る）ことができるよね。

みんなにとっては、家《いえ》にあるつくえが作業台《さぎょうだい》になるんじゃないかな。

勉強《べんきょう》をしたり本《ほん》を読《よ》んだり、集中《しゅうちゅう》して作業《さぎょう》をするために、使《つか》いやすい場《ば》所《しょ》を作《つく》ろう！

ごちゃごちゃしていて集中《しゅうちゅう》できないなぁ

なるほど
つくえと作業台《さぎょうだい》って
そっくりなんだな～

きれいなつくえで集中《しゅうちゅう》したい！

この絵《え》の中《なか》に、ぜったいに直《なお》したい N《エヌ》G《ジー》（よくない！）ポイントが 3つあるよ！ ぜんぶ見《み》つけられるかな？

NEXT

次《つぎ》のページで、正《せい》かいを見《み》てみよう！

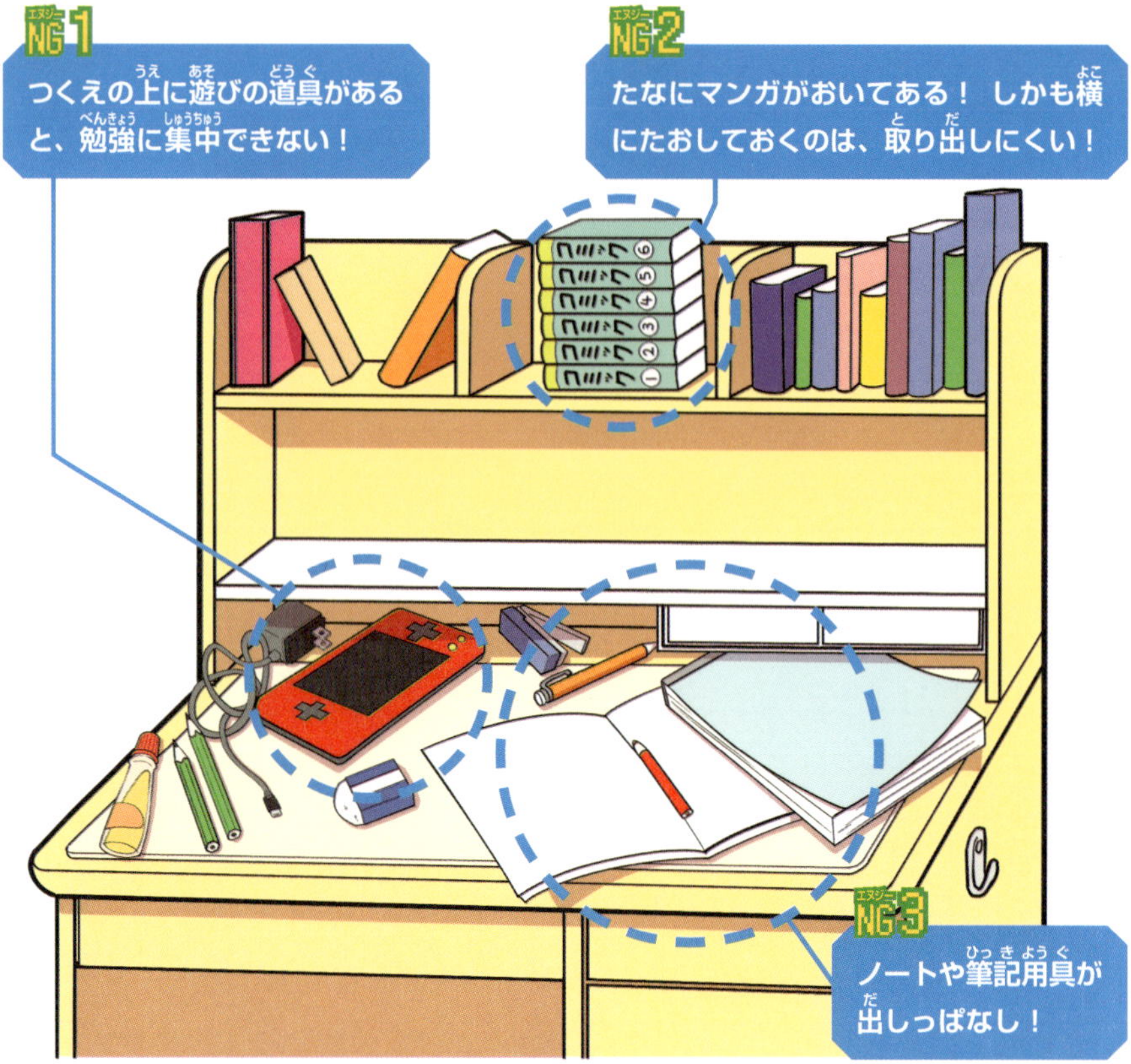
NG《エヌジー》1
つくえの上《うえ》に遊《あそ》びの道具《どうぐ》があると、勉強《べんきょう》に集中《しゅうちゅう》できない！
NG《エヌジー》2
たなにマンガがおいてある！ しかも横《よこ》にたおしておくのは、取《と》り出《だ》しにくい！
NG《エヌジー》3
ノートや筆記用具《ひっきようぐ》が出《だ》しっぱなし！

つくえの上《うえ》はすっきりさせるといいよ！

つくえの上《うえ》に、勉強《べんきょう》とかん係《けい》ないものやマンガ、遊《あそ》び道具《どうぐ》があると、ついそっちが気《き》になって、勉強《べんきょう》や作業《さぎょう》に集中《しゅうちゅう》できなくなってしまうかも。つくえの上《うえ》はできるだけすっきりさせよう！

すっきりしていると、作業《さぎょう》しやすい！

集中力《しゅうちゅうりょく》がアップする、つくえの使《つか》い方《かた》！

勉強《べんきょう》とかん係《けい》ないもの（ゲームきやマンガなど）は、見《み》えるところにおかない！

たなの上《うえ》におくものは少《すく》なめがいい。

ぶんぼうぐやじ書《しょ》などは、引《ひ》き出《だ》しや本《ほん》だなにしまおう。

ペン立《た》てやファイル、小物《こもの》入《い》れなど、しゅうのうグッズを使《つか》うと整理《せいり》しやすいよ。

けいけんちゲット！

つくえをかたづけると、使《つか》いやすくなると分《わ》かった！

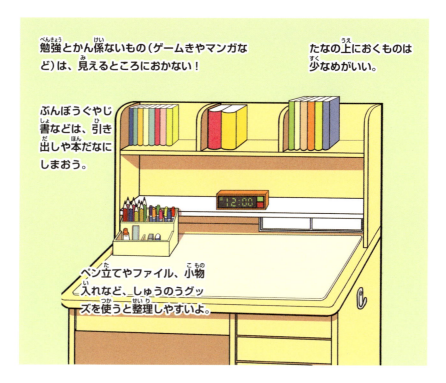

【3章《しょう》｜場所《ばしょ》をきれいにかたづけよう！】

引《ひ》き出《だ》しの中《なか》を整理《せいり》するコツ

チェストを使《つか》うとたくさんのアイテムをしまえてべんり。みんなの場合《ばあい》は、つくえやたなの引《ひ》き出《だ》しを使《つか》うと、たくさんの持《も》ちものをしまえるね。

でも、ぐちゃぐちゃにものを入《い》れると、ひつようなものをなくしたり、取《と》り出《だ》しにくかったりするよ。チェストも引《ひ》き出《だ》しも、中身《なかみ》を整理整《せいりせい》とんすることが大切《たいせつ》なんだ！

とっておきのおいしいケーキを
チェストのどこかに
しまったんだけどな～！

マイクラの世界《せかい》では
ぶきも食《た》べものも
同《おな》じ箱《はこ》に入《い》れるんだね……

引《ひ》き出《だ》しをもっと使《つか》いやすくしよう！

この絵《え》の中《なか》に、ぜったいに直《なお》したい NG《エヌ ジー》（よくない！）ポイントが 3つあるよ！ ぜんぶ見《み》つけられるかな？

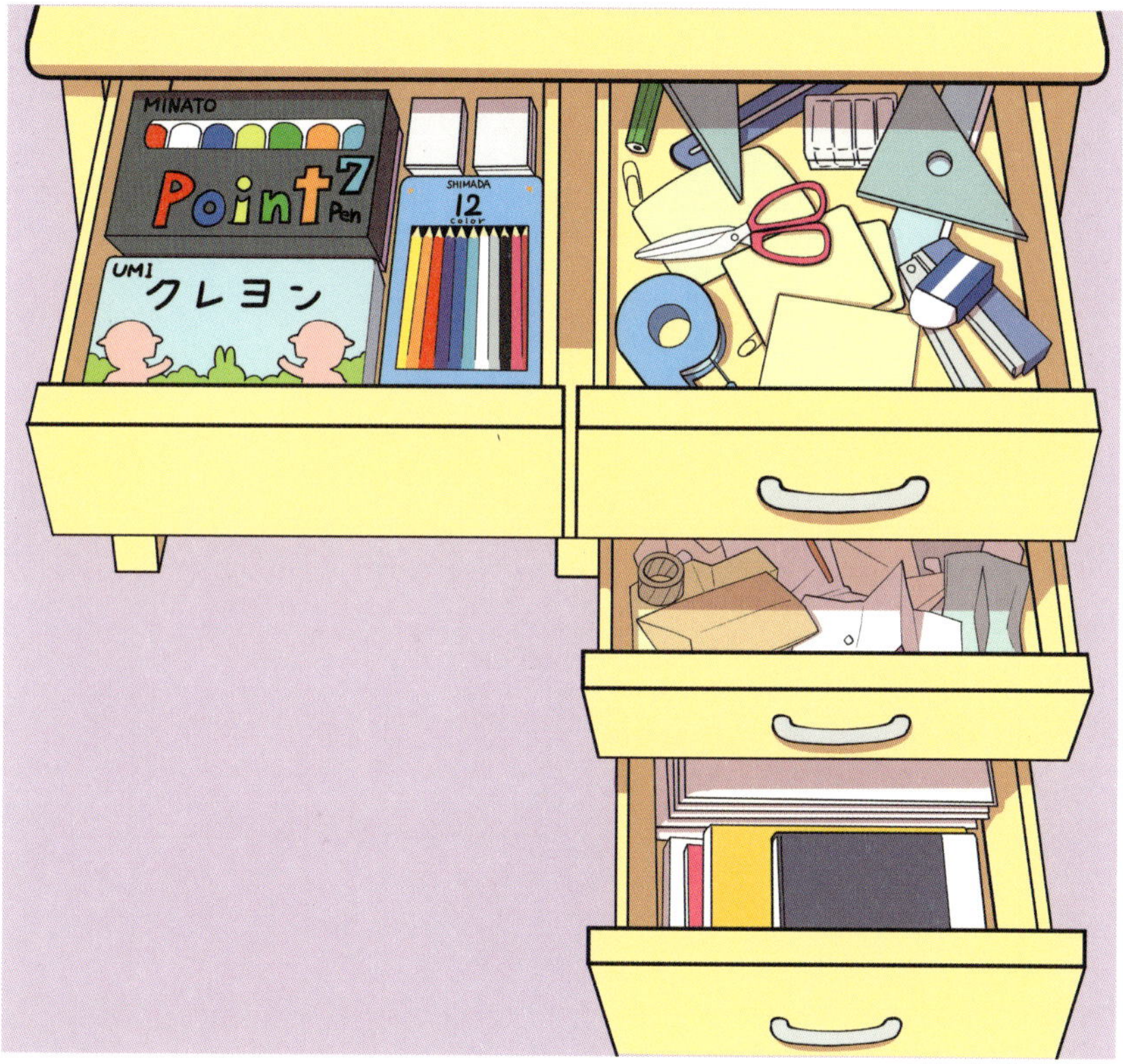

NEXT

次《つぎ》のページで、正《せい》かいを見《み》てみよう！

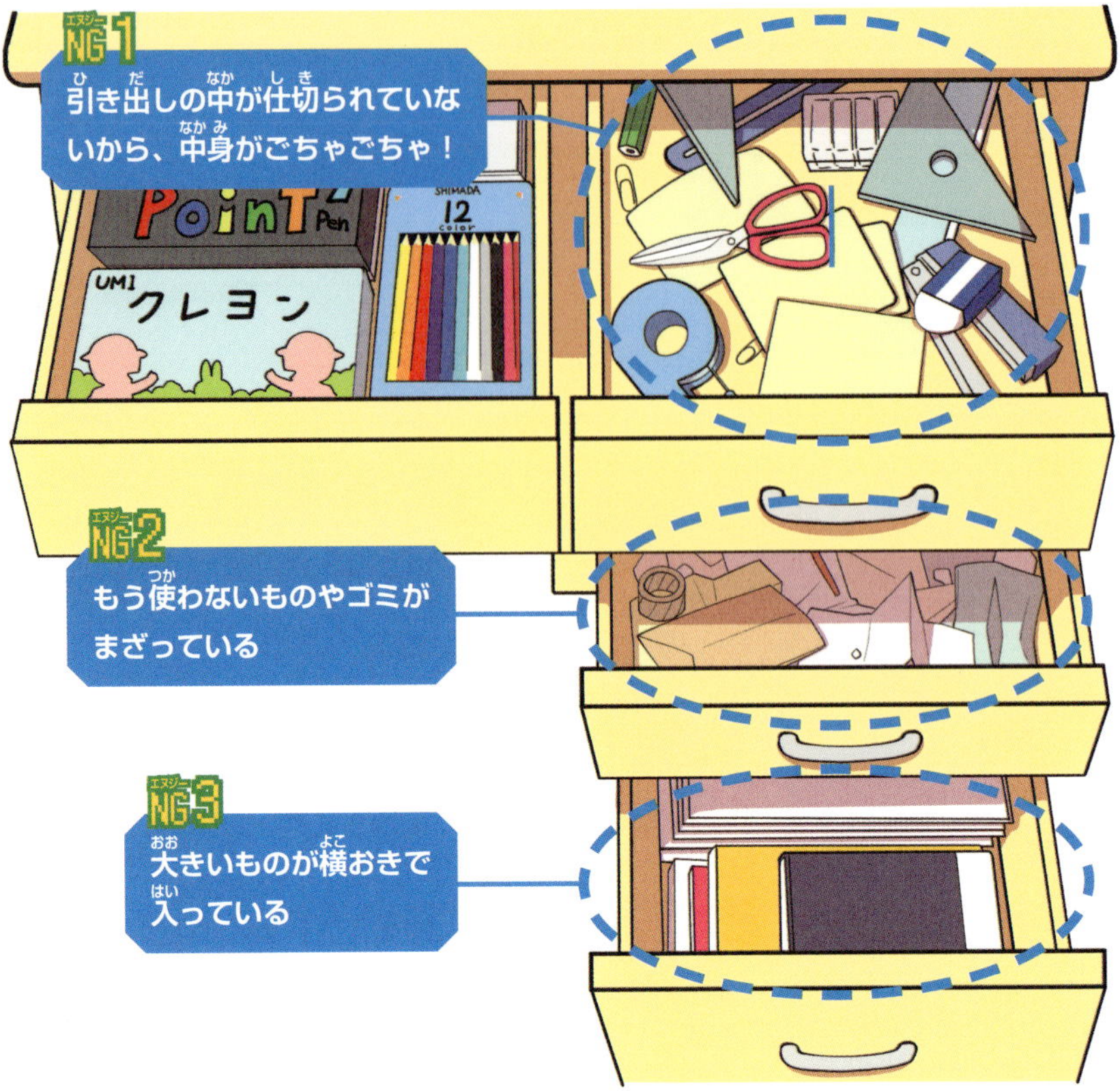
NG《エヌジー》1
引《ひ》き出《だ》しの中《なか》が仕切《しき》られていないから、中身《なかみ》がごちゃごちゃ！
Point Pen
SHIMADA
12
color
UMI
クレヨン
NG《エヌジー》2
もう使《つか》わないものやゴミがまざっている
NG《エヌジー》3
大《おお》きいものが横《よこ》おきで入《はい》っている

引《ひ》き出《だ》しの中《なか》をきれいに分《わ》けよう

引《ひ》き出《だ》しの中《なか》に、ものを入《い》れただけでは、きれいにかたづけたとは言《い》えない！

引《ひ》き出《だ》しを開《あ》けたときに、どこに何《なに》が入《はい》っているか、すぐに分《わ》かるようにすると、ものを出《だ》しやすくてべんり！

いつもは見《み》えないところもきれいに！

引《ひ》き出《だ》しの中《なか》を使《つか》いやすくしよう！

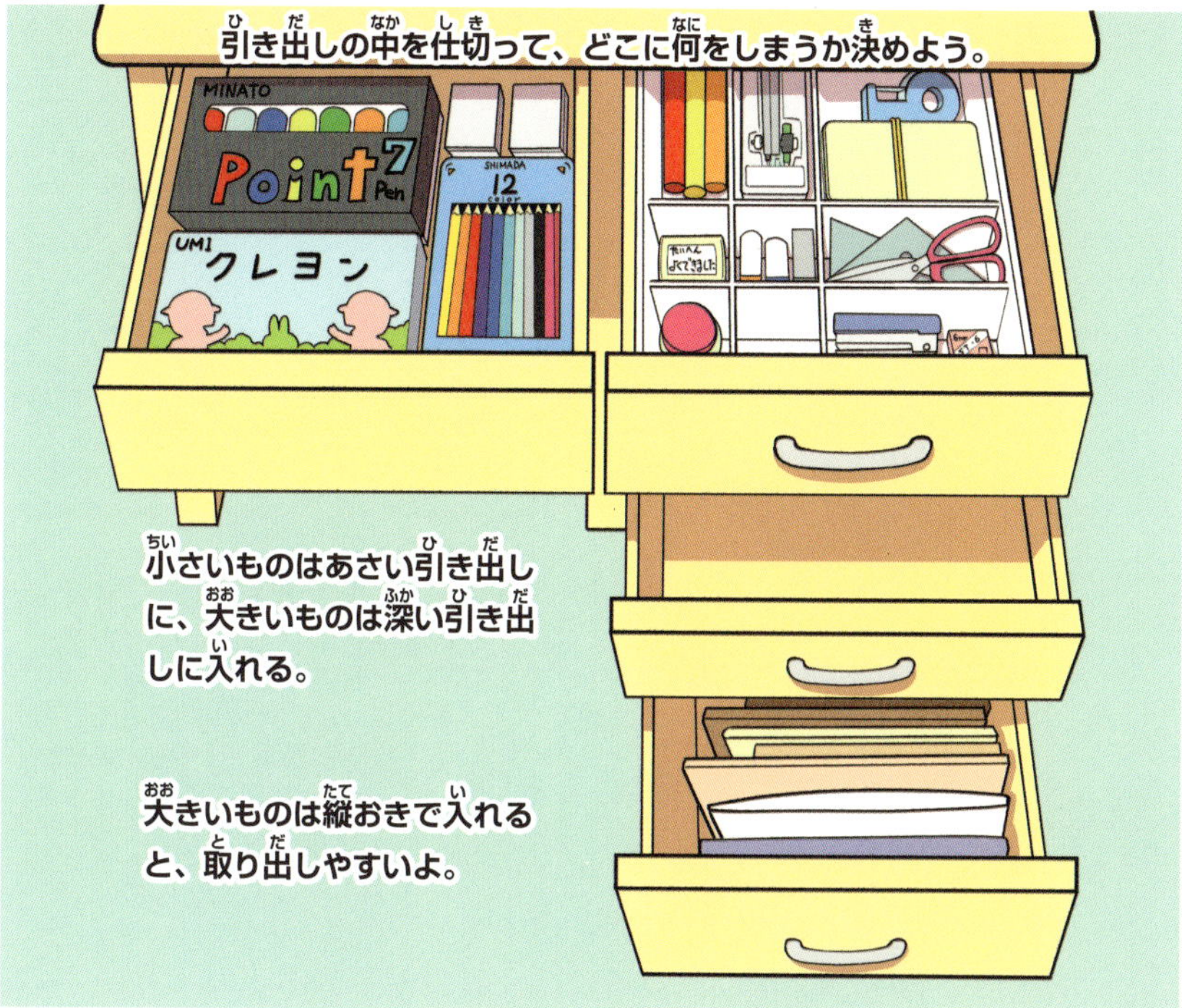

引《ひ》き出《だ》しの中《なか》を仕切《しき》って、どこに何《なに》をしまうか決《き》めよう。

小《ちい》さいものはあさい引《ひ》き出《だ》しに、大《おお》きいものは深《ふか》い引《ひ》き出《だ》しに入《い》れる。

大《おお》きいものは縦《たて》おきで入《い》れると、取《と》り出《だ》しやすいよ。

けいけんちゲット！

引《ひ》き出《だ》しを使《つか》いやすくする
方《ほう》ほうが分《わ》かった！

【3章《しょう》｜場所《ばしょ》をきれいにかたづけよう！】

ランドセルなどかばんの中《なか》を整理《せいり》するコツ

マイクラでは持《も》ち歩《ある》いているものをインベントリという画面《がめん》で見《み》られる。

げんじつの世界《せかい》にインベントリはないけれど、毎日《まいにち》、ランドセルなどのかばんに持《も》ちものを入《い》れて、持《も》ち歩《ある》いているよね。

インベントリもかばんも、しまったものを整理《せいり》しておくと、ものを出《だ》し入《い》れしやすくなるよ！

ぐわーっ!?
インベントリの中身《なかみ》が
ぜんぶ出《で》ちゃったよ!

わすれものをしていないか
チェックするのも
たいへんだぞ!
バラバラ

ランドセルの使《つか》い方《かた》を見直《みなお》そう！

この絵《え》の中《なか》に、ぜったいに直《なお》したい NG《エヌジー》（よくない！）ポイントが 3つあるよ！ ぜんぶ見《み》つけられるかな？

NEXT
次《つぎ》のページで、正《せい》かいを見《み》てみよう！

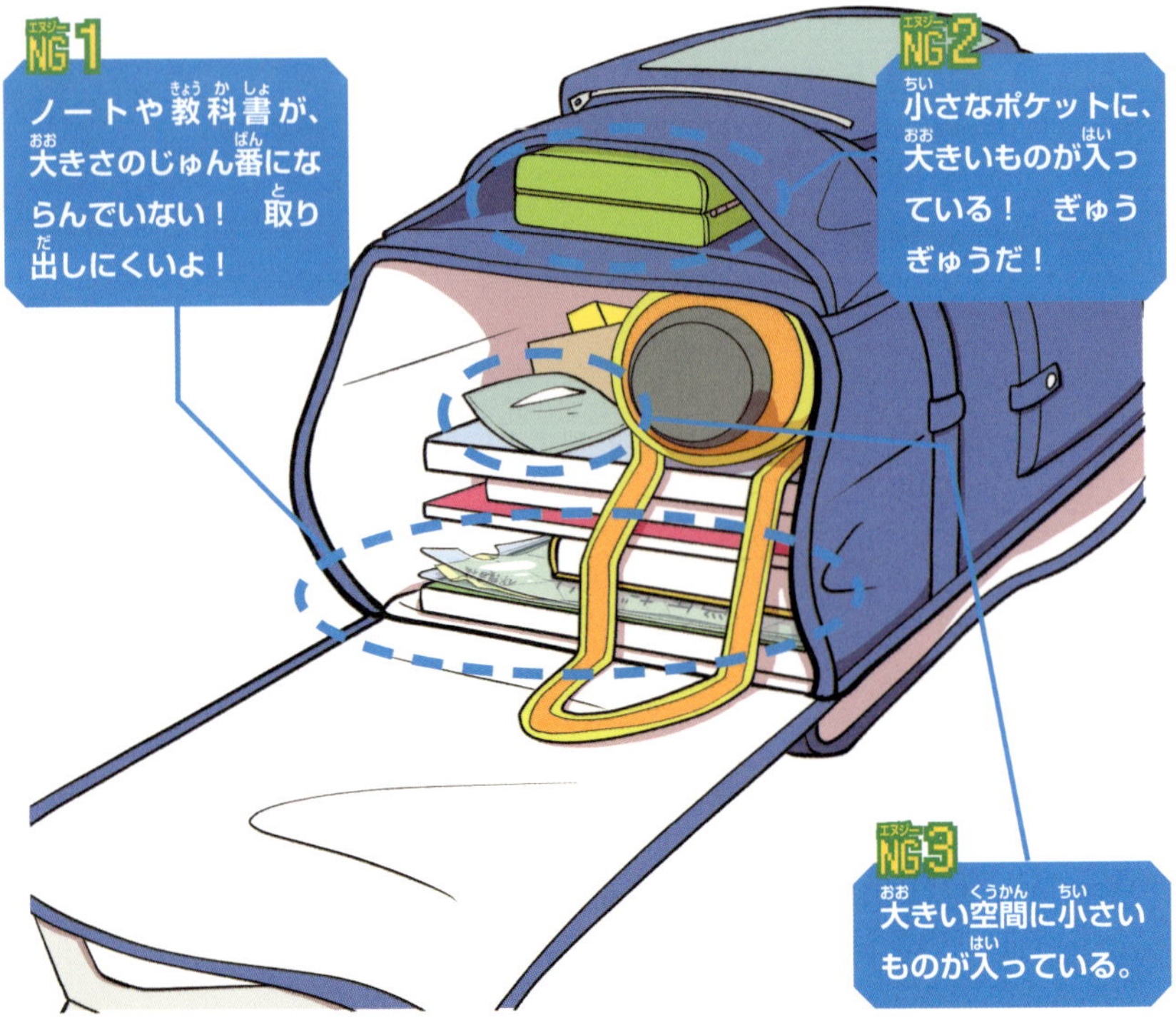
NG《エヌジー》1
ノートや教科書《きょうかしょ》が、大《おお》きさのじゅん番《ばん》にならんでいない！ 取《と》り出《だ》しにくいよ！
NG《エヌジー》2
小《ちい》さなポケットに、大《おお》きいものが入《はい》っている！ ぎゅうぎゅうだ！
NG《エヌジー》3
大《おお》きい空間《くうかん》に小《ちい》さいものが入《はい》っている。

入《い》れ方《かた》をくふうするとせおいやすくなる！

ランドセルの中《なか》には、いろいろな大《おお》きさや重《おも》さのものを入《い》れるよね。このとき、中《なか》に入《い》れるじゅん番《ばん》を考《かんが》えると、ランドセルをせおったときにバランスが取《と》れて、せおいやすくなるんだ。

さらに、ランドセルの中《なか》がきれいだと、わすれものもへらせる！ ランドセルの使《つか》い方《かた》を見直《みなお》すだけで、いいことがいっぱいあるよ。

パズルみたいに考《かんが》えれば、楽《たの》しく整理《せいり》できるかも！

ランドセルの中《なか》にしまうものを整理《せいり》しよう！

ティッシュのような小《ちい》さいものは、小《ちい》さいポケットに入《い》れよう。なくしにくくなるよ！
大《おお》きいものをせ中《なか》がわに入《い》れよう。そこから、ものの大《おお》きさがどんどん小《ちい》さくなるように入《い》れるといいよ。

けいけんちゲット！

ランドセルを使《つか》いやすくする、
やり方《かた》が分《わ》かった！

学《がっ》校《こう》のつくえやロッカーの中《なか》を整《せい》理《り》するコツ

なかまといっしょにぼうけんするときは、きょ点《てん》を作《つく》ってきょう力《りょく》するのがマイクラのきほん！

みんなで集《あつ》まる場《ば》所《しょ》だから、使《つか》い方《かた》がきたないと大《だい》めいわく！　きょ点《てん》はきれいにしていたいね。

みんなで集《あつ》まる場《ば》所《しょ》といえば、学《がっ》校《こう》も同《おな》じ！　学《がっ》校《こう》もきょ点《てん》も、きれいに使《つか》おう！

みんながこまるから
かたづけてよ！
かたづけるコツが
知《し》りたいよー！

さすがに
スティーブほどきたなく
使《つか》ってはいないよ……

「みんなの場《ば》所《しょ》」をきれいに使《つか》おう！

この絵《え》の中《なか》に、ぜったいに直《なお》したい NG《エヌジー》（よくない！）ポイントが 3つあるよ！ ぜんぶ見《み》つけられるかな？

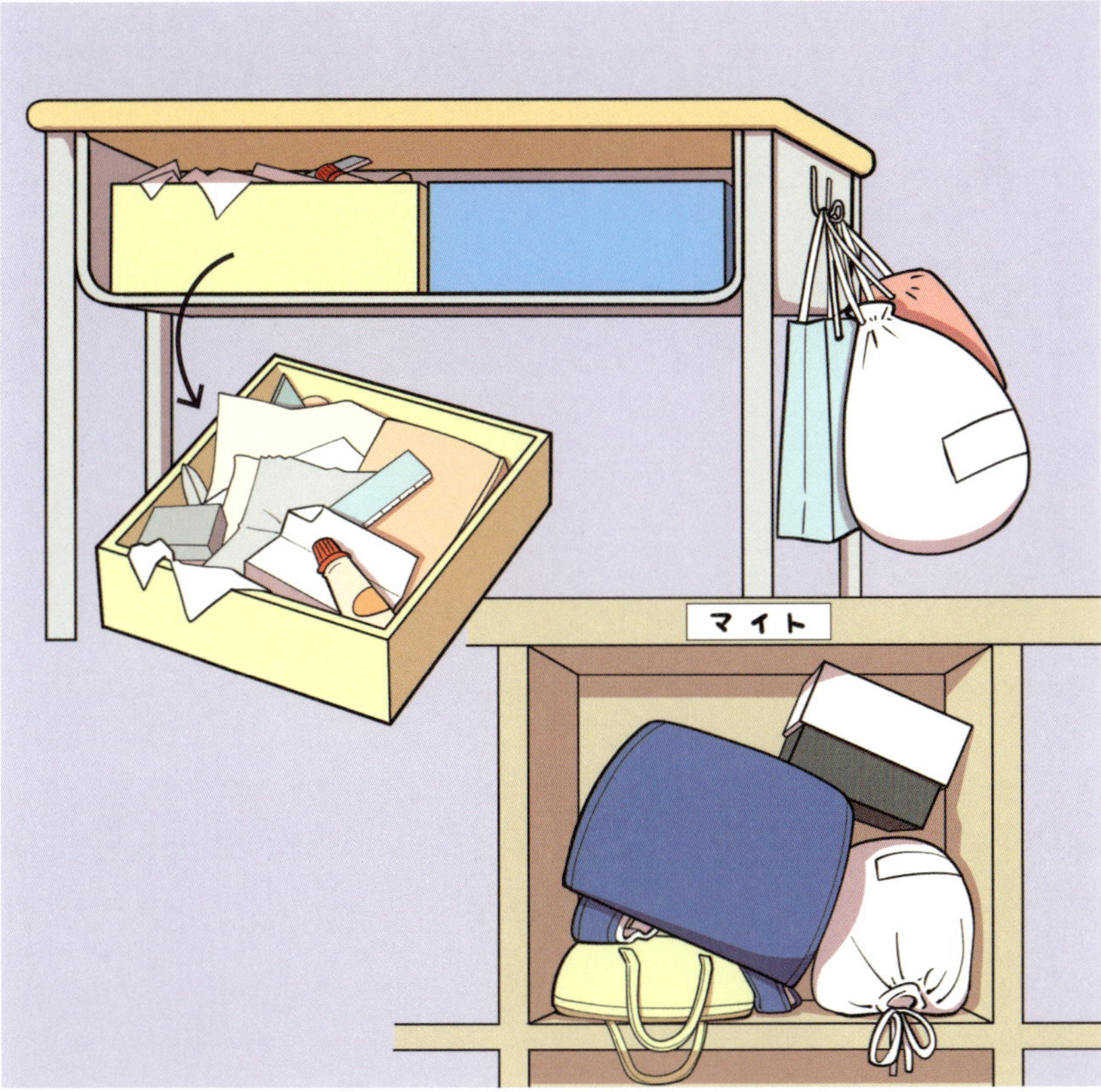

NEXT

次《つぎ》のページで、正《せい》かいを見《み》てみよう！

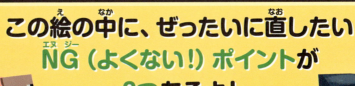

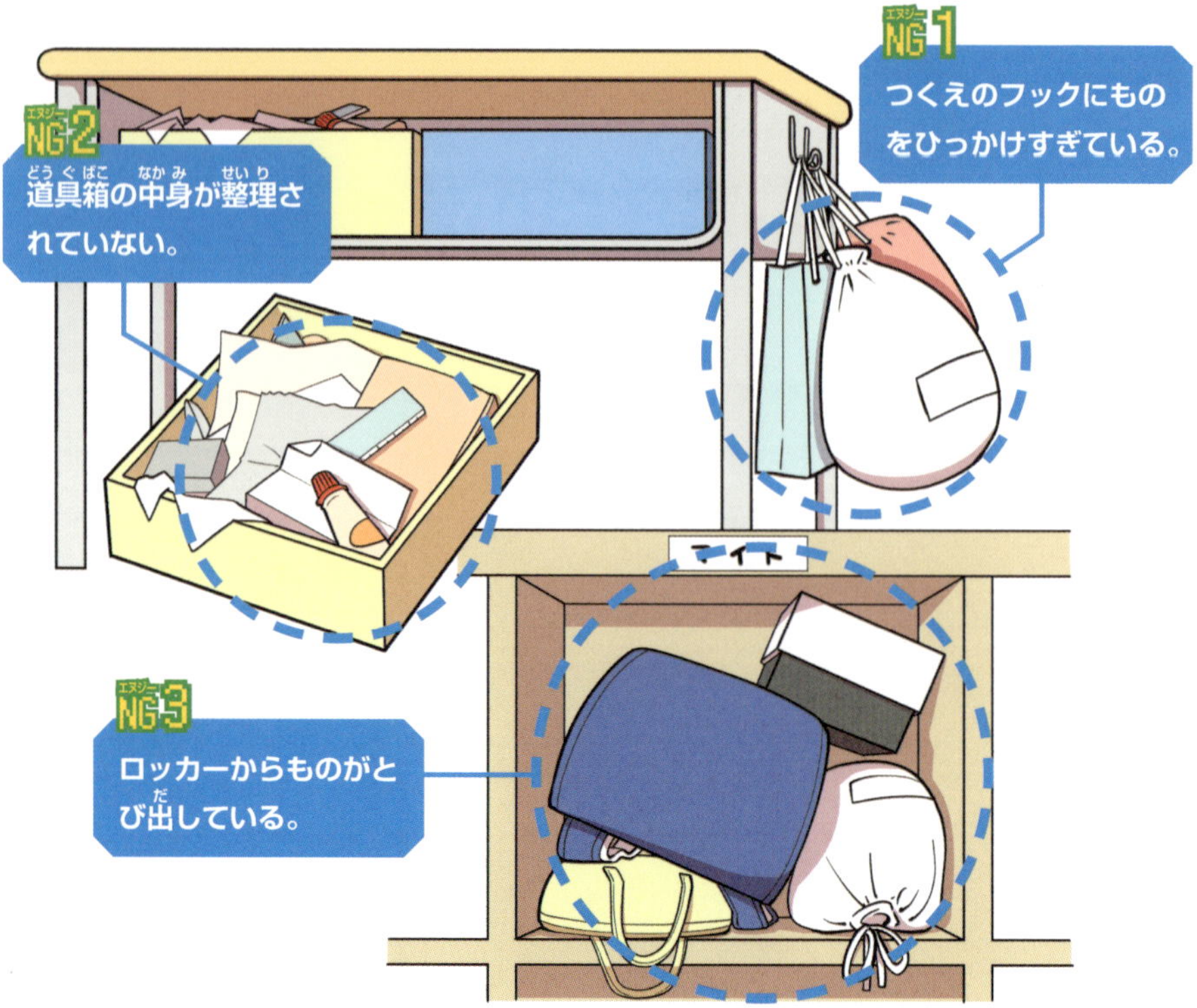

きれいに使《つか》うと、みんながうれしい！

学校《がっこう》の教室《きょうしつ》ではつくえやロッカーのように、自分《じぶん》の使《つか》う場所《ばしょ》が決《き》められているね。でも、自分《じぶん》の場所《ばしょ》だからといって、きたない使《つか》い方《かた》をするとめいわくになる。

たとえば、ロッカーからものが落《お》ちて、下《した》のだんを使《つか》っている人《ひと》のジャマになるかもしれない。きれいに使《つか》った方《ほう》が、みんなうれしいよ！

みんなが気持《きも》ちよく使《つか》える場所《ばしょ》にしよう！

教室《きょうしつ》をきれいに使《つか》うポイント！

プリントは入《い》れっぱなしにしないで、持《も》ち帰《かえ》ろう！

つくえの横《よこ》には、すぐ使《つか》うものだけかけよう。

道具箱《どうぐばこ》の中身《なかみ》は、きれいに整理《せいり》しよう。

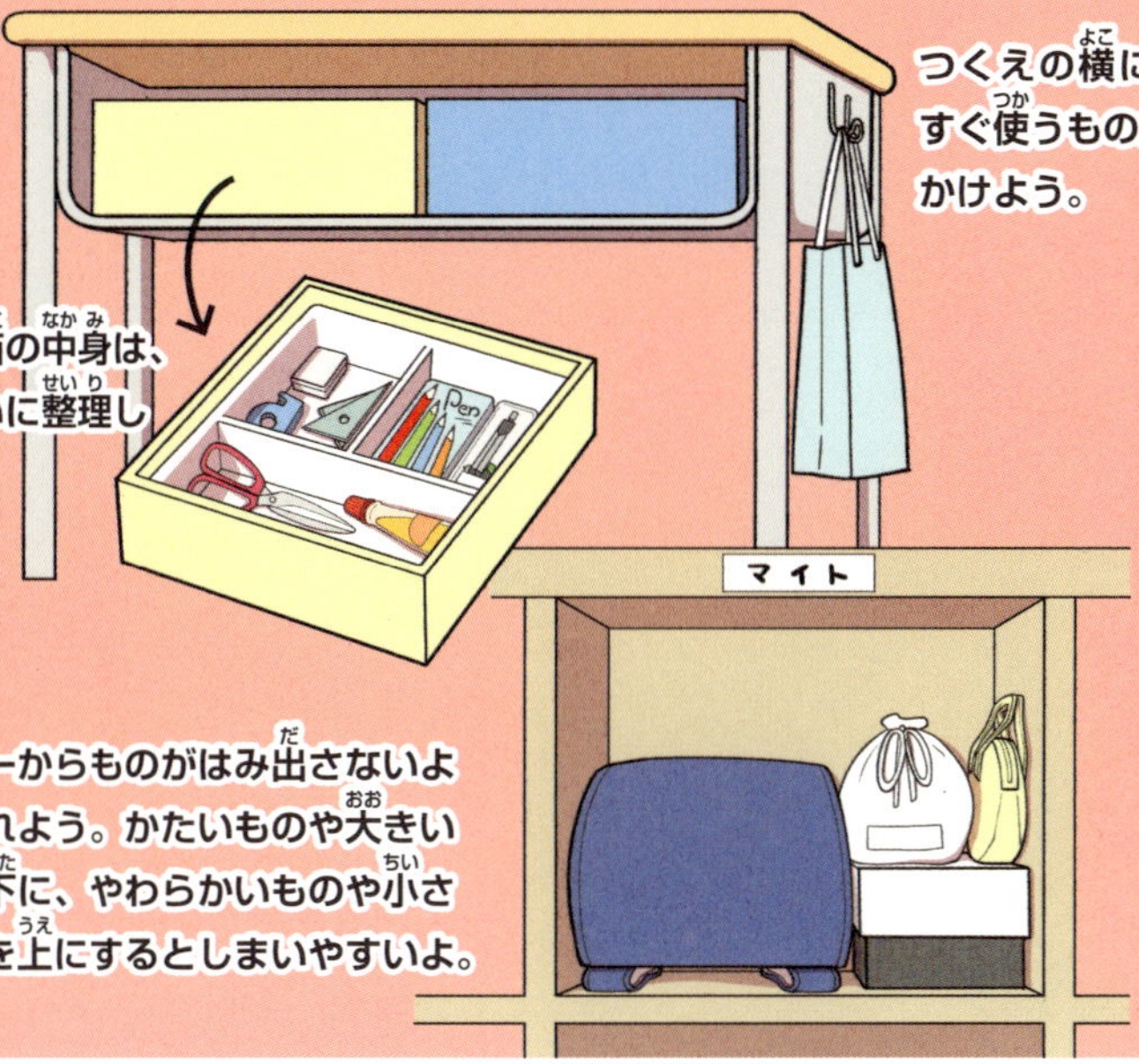

ロッカーからものがはみ出《だ》さないように入《い》れよう。かたいものや大《おお》きいものを下《した》に、やわらかいものや小《ちい》さいものを上《うえ》にするとしまいやすいよ。

LEVEL《レベル》 UP《アップ》!

学校《がっこう》の自分《じぶん》のスペースを、どうやって使《つか》えばいいか分《わ》かった！

COLUMN

かたづいた部屋《へや》で気分《きぶん》もすっきり！

集中《しゅうちゅう》できるのはどんな部《へ》屋《や》？

ちらかっている部屋《へや》と、かたづいている部屋《へや》、どちらにいるほうが、勉強《べんきょう》に集中《しゅうちゅう》できると思《おも》う？

答《こた》えはもちろん「かたづいている部屋《へや》」だよ。よけいなものが目《め》に入《はい》らなくて、集中力《しゅうちゅうりょく》がアップするんだ。

それに、かたづいている部屋《へや》はそうじがしやすくて、いつもせいけつにできるよ。

気持《きも》ちのいい部屋《へや》になれば、心《こころ》も体《からだ》もけんこうでいられるね！

レッドストーン回路《かいろ》で、べんりな仕組《しく》みを作《つく》りたいんだ

作業台《さぎょうだい》の上《うえ》をかたづけたら、集中《しゅうちゅう》できるかもしれないよ？

たしかに、いいアイデアをひらめきそうな気《き》がする！

4

章《しょう》

きれいなままをつづけよう!

使《つか》ったものはしまうのがルール!
毎《まい》日《にち》ちょっとずつでもおかたづけできれば、
いつもスッキリ気《き》持《も》ちいいよ!
おかたづけマスターはもうすぐだ!

【4章《しょう》｜きれいなままをつづけよう！】

使《つか》ったものは元《もと》の場《ば》所《しょ》にもどす

おもちゃで遊《あそ》んだあと、そのままゆかにおいておくと、どうなるかな？　足《あし》でふんで、おもちゃをこわしてしまうかも。それに、次《つぎ》に遊《あそ》ぼうとしたとき、どこにあるか分《わ》からなくなったら、たいへんだ。きちんと元《もと》の場《ば》所《しょ》にもどしてあげよう。

マグマもおもちゃもふんだらいたいぞ！

マグマキューブ

元《もと》の場《ば》所《しょ》にもどしておけばよかったのに〜

おのが、見《み》つからないよー！　木《もく》ざいを取《と》るのに使《つか》ったあと、どこにおいたっけ？

元《もと》にもどせば、あとでこまらない！

いま遊《あそ》び終《お》わったおもちゃを、次《つぎ》の日《ひ》にすぐ遊《あそ》べるようにするには、どうすればいいかな？ 次《つぎ》の3つの中《なか》から、正《せい》かいがどれか、考《かんが》えてみてね！

1 おもちゃを遊《あそ》んだままで出《だ》しておく

2 出《だ》したときと同《おな》じ場《ば》所《しょ》にしまう

3 テーブルなど見《み》つけやすいところにおいておく

使《つか》ったものはそのあとどうするといいかな？

むらびと

NEXT
次《つぎ》のページで、正《せい》かいを見《み》てみよう！

1

おもちゃを遊《あそ》んだままで出《だ》しておく

✕

おもちゃがこわれたりなくなったりしてしまうかも！ きちんとしまったほうがいいよ。

ザンネン！

2

出《だ》したときと同《おな》じ場《ば》所《しょ》にしまう

○

いつも同《おな》じ場《ば》所《しょ》にもどすようにしておけば、遊《あそ》びたいときにすぐ見《み》つかるね！

イイネ！

3

テーブルなど見《み》つけやすいところにおいておく

✕

みんなで使《つか》う場《ば》所《しょ》におきっぱなしにすると、ジャマになってしまうよ！ 自《じ》分《ぶん》の場《ば》所《しょ》にしまおう！

ザンネン！

いつも同《おな》じ場《ば》所《しょ》にしまうのが一番《いちばん》いい

使《つか》ったら元《もと》の場《ば》所《しょ》にもどすのは、おもちゃだけじゃないよ。本《ほん》を読《よ》んだあとは本《ほん》だなに、使《つか》ったえんぴつはペン立《た》てにもどす。これって、自《じ》分《ぶん》の部《へ》屋《や》だけでなく、家《いえ》のほかの場《ば》所《しょ》でも、学《がっ》校《こう》でも、同《おな》じことなんだ！

元《もと》の場《ば》所《しょ》にもどせば、次《つぎ》もすぐに使《つか》える！

元《もと》の場所《ばしょ》にもどすためのポイント

しまうもののイラストをはっておくと分《わ》かりやすい！

名《な》ふだがあると、足《た》りないものが何《なに》か、分《わ》かりやすいよ。

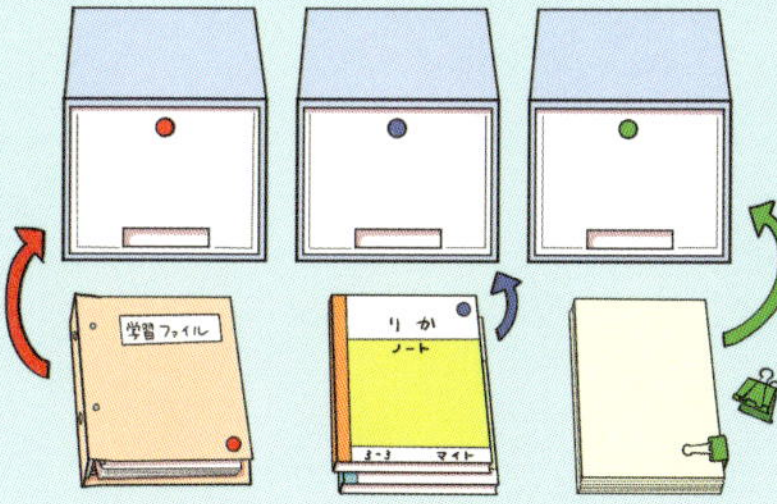

どこにもどすか一目《ひとめ》で分《わ》かるように、色《いろ》のシールやクリップを使《つか》うのもおすすめ。

けいけんちゲット！

ふだん使《つか》っているものを、
いつも同《おな》じ場所《ばしょ》におくようになった！

【4章《しょう》｜きれいなままをつづけよう！】

ぬぎっぱなしや おきっぱなしはやめる

家《いえ》に帰《かえ》ったとき、ぬいだ服《ふく》やランドセルはどうしているかな？　げんかんやリビングにおきっぱなしにするのは、やめたほうがいい！　服《ふく》やランドセルがこのあとどうなるかを考《かんが》えて、正《ただ》しいおき場《ば》所《しょ》に持《も》っていこう。

むらびと
チェストにしまうみたいに、決《き》まった場所《ばしょ》にもどそう！

すごい数《かず》のブーツ！おきすぎだよ！

鉄《てつ》のブーツから金《きん》のブーツにはきかえよっと

次《つぎ》の行動《こうどう》を考《かんが》えれば、どこにおくかが分《わ》かる！

学校《がっこう》から帰《かえ》ってきて着《き》がえるとき、あせでぬれたシャツはどうするのが一番《いちばん》いいかな？次《つぎ》の3つの中《なか》から、正《せい》かいがどれか、考《かんが》えてみてね！

1 げんかんにぬいでおく

2 たんすにしまう

3 せんたくカゴに入《い》れる

ひつじ

げんかんでぬいだくつはきちんとそろえるといいメ～！

NEXT

次《つぎ》のページで、正《せい》かいを見《み》てみよう！

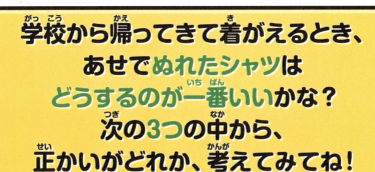

1
げんかんにぬいでおく

げんかんにぬぎっぱなしにするのはダメ！ ジャマになってしまうよ。

ザンネン！

2
たんすにしまう

たんすの中《なか》のきれいな服《ふく》がよごれてしまう！ しまう前《まえ》に、きちんとあらおう！

ザンネン！

3
せんたくカゴに入《い》れる

よごれたものはせんたくするよね。いつでもせんたくできるように、せんたくカゴに入《い》れておこう。

イイネ！

※どろや絵《え》の具《ぐ》でよごれているときは、ほかのせんたくものによごれがうつらないように、おうちの人《ひと》にどこにおくかを聞《き》こう！

決《き》まった場所《ばしょ》におけば、ぜんぶうまくいく！

ぬいだふくや使《つか》った道具《どうぐ》は、次《つぎ》にどこへ持《も》って行《い》くかを考《かんが》えよう。ぬいだふくの場《ば》合《あい》、すぐにせんたくするものはせんたくカゴに。ぼうしやコートなど、かける場所《ばしょ》が決《き》まっているものは、そこにおこう。

よく使《つか》うブーツだけ、ぼうぐ立《た》てにおいておこう。

おきっぱなしにしないためのポイント

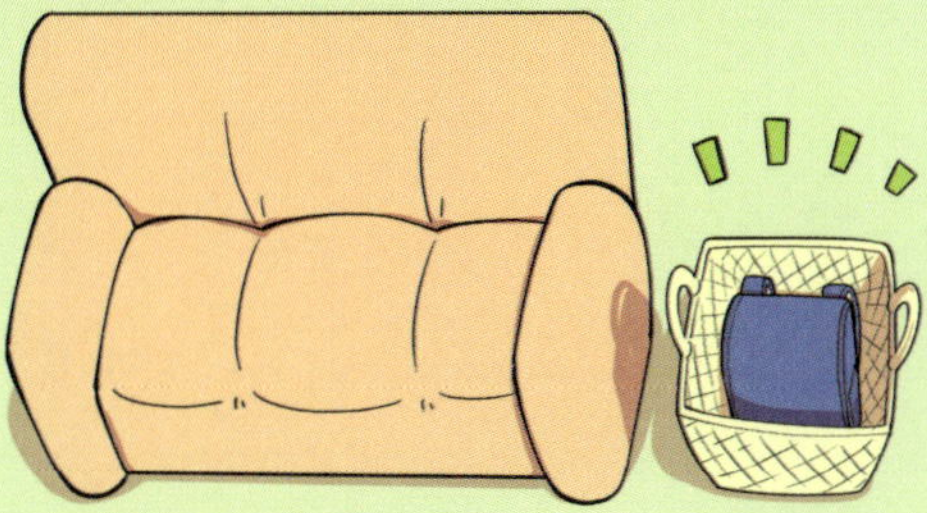

リビングにものをおきっぱなしにして、しかられてしまう！という人《ひと》は、リビングにかごやワゴンをおいて「自分《じぶん》せんようのおき場所《ばしょ》」を作《つく》ろう。ゆかにおきっぱなしにするより、ずっとよくなるよ。

つい、げんかんににもつをおきっぱなしにしてしまうのなら、げんかんのそばににもつをかけるフックをつけてもらうといいよ。

けいけんちゲット！

使《つか》い終《お》わったあとのおき場所《ばしょ》が分《わ》かった！

【4章《しょう》|きれいなままをつづけよう!】

てきとうな場所《ばしょ》にしまうのもよくない

てきとうに、そのとき空《あ》いている引《ひ》き出《だ》しにものを入《い》れた場《ば》合《あい》、あとになってどこにしまったか分《わ》からなくなる。それに、大《おお》きさが合《あ》わない場《ば》所《しょ》にものをしまうと、うまくしまえなかったり、ものがこわれてしまうかもしれないんだ。

にもつもラバも大《おお》きさはいろいろです

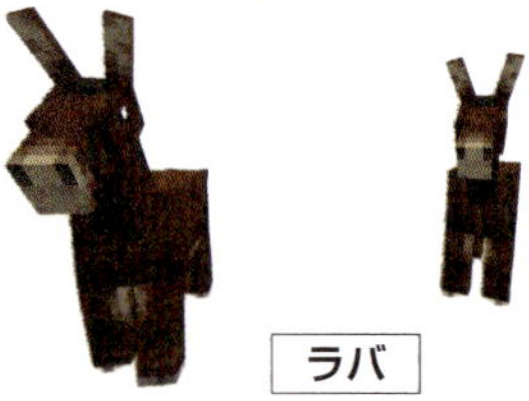

ラバ

きっと、スティーブだろうなぁ……

食《しょく》りょうそう庫《こ》にきたないブーツを入《い》れたのはだれ!?

しまい方《かた》には「いい」「悪《わる》い」がある!

図書館《としょかん》でかりてきた本《ほん》は、かりている間《あいだ》、家《いえ》の中《なか》のどこにおくといいかな？次《つぎ》の3つの中《なか》から、正《せい》かいがどれか、考《かんが》えてみてね！

1 おうちの人《ひと》の本《ほん》だな

2 リビングのテーブル

3 自《じ》分《ぶん》のつくえのたな

わたしはミツを集《あつ》めたら、きちんと、す箱《ばこ》にもどるよ

ハチ

NEXT

次《つぎ》のページで、正《せい》かいを見《み》てみよう！

1

おうちの人《ひと》の本《ほん》だな

×

おうちの人《ひと》の本《ほん》とまざってしまうかも。見《み》つからなくて、返《かえ》しわすれたらたいへんだよ！

ザンネン！

2

リビングのテーブル

×

食《た》べものや飲《の》みものでよごれたり、ほかの人《ひと》のジャマになってしまうかも。

ザンネン！

3

自《じ》分《ぶん》のつくえのたな

○

図《と》書《しょ》館《かん》の本《ほん》は、他《ほか》の本《ほん》とはべつにした分《わ》かりやすい場《ば》所《しょ》を決《き》めて、いつもそこにおいておくと、かりているのをわすれないね！

イイネ！

しまうなら、決《き》まった場《ば》所《しょ》がいい！

図《と》書《しょ》館《かん》の本《ほん》はしゅるいじゅんやあいうえおじゅんにならんでいるよね。もしも、さがしている本《ほん》が、ルールをむししてぜんぜんちがう場《ば》所《しょ》においてあったら、見《み》つけられないはず。本《ほん》だけじゃなく、おき場《ば》所《しょ》のルールを決《き》めていれば、見《み》つけやすくなるんだ。

⑪ 「いいしまい方《かた》」と「悪《わる》いしまい方《かた》」のちがい

あさい引《ひ》き出《だ》しの中《なか》に、ものを重《かさ》ねて入《い》れると、中身《なかみ》が分《わ》かりにくいし、取《と》り出《だ》すのがたいへん。

本《ほん》やノートは引《ひ》き出《だ》しに入《い》れないで、たなに立《た》てよう。

大《おお》きさのあるじ書《しょ》などは、深《ふか》い引《ひ》き出《だ》しに入《い》れよう。

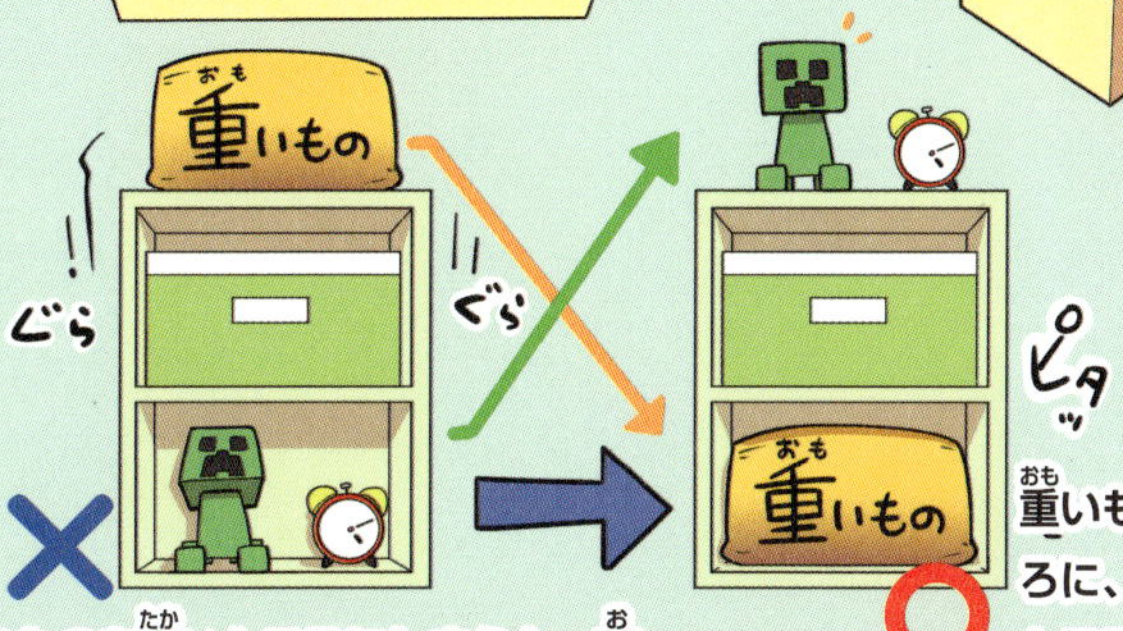

重《おも》いものを高《たか》いところにしまうと、落《お》ちてきたときに大《おお》けがをしてしまう！

重《おも》いものはひくいところに、軽《かる》いものを高《たか》いところにしまうと、きけんをへらせるよ。

けいけんちゲット！

「いい」もののしまい方《かた》が分《わ》かった！

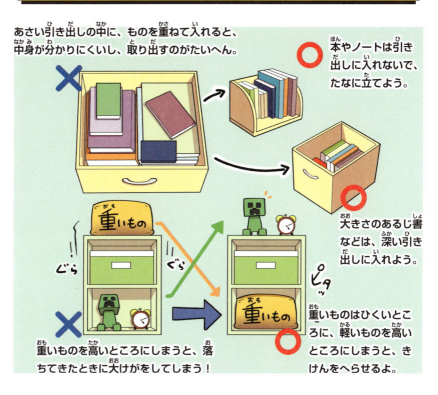

【4章《しょう》|きれいなままをつづけよう!】

みんなの場《ば》所《しょ》をきれいに使《つか》おう

おうちでも学《がっ》校《こう》でも、みんなが使《つか》う場《ば》所《しょ》は、きれいに使《つか》うのがいいよ。自《じ》分《ぶん》から進《すす》んできれいにすれば、みんなも自《じ》分《ぶん》も、気《き》持《も》ちよくすごせるからね!

まわりの人《ひと》のことを考《かんが》えて、みんなが安《あん》心《しん》してすごせるようにしよう!
むらびと

うわあ、スティーブがまじめにかたづけている!?

みんなで使《つか》うきょ点《てん》だから、きれいにしようっと!

みんながよろこぶ使《つか》い方《かた》をしよう!

自分《じぶん》の部屋《へや》の引《ひ》き出《だ》しからえんぴつを持《も》ってきて、リビングで宿題《しゅくだい》をしたよ。終《お》わったら、使《つか》っていたえんぴつはどこにかたづける？

次《つか》の3つの中《なか》から、正《せい》かいがどれか、考《かんが》えてみてね！

1 自分《じぶん》の部屋《へや》の引《ひ》き出《だ》し

2 テーブルの上《うえ》においておく

3 自分《じぶん》の部屋《へや》のつくえの上《うえ》におく

りゃくだつしゃ
おれも自分《じぶん》たちのきちをきれいにしているぜ！

NEXT
次《つぎ》のページで、正《せい》かいを見《み》てみよう！

1 自分《じぶん》の部屋《へや》の引《ひ》き出《だ》し

○

みんなで使《つか》う場所《ばしょ》においたままはよくないね。元《もと》の引《ひ》き出《だ》しにもどしておけば、次《つぎ》に使《つか》うとき、自分《じぶん》も気《き》持《も》ちがいいよ！

イイネ！

2 テーブルの上《うえ》においておく

×

リビングのテーブルは、家族《かぞく》みんなで使《つか》う場所《ばしょ》！　だから、自分《じぶん》のものをおきっぱなしにするのはやめよう。

ザンネン！

3 自分《じぶん》の部屋《へや》のつくえの上《うえ》におく

×

自分《じぶん》の部屋《へや》に持《も》っていくところまでは正《せい》かいだけど、つくえの上《うえ》におきっぱなしにするのはダメ。元《もと》の場所《ばしょ》にしまおう。

ザンネン！

みんなの場所《ばしょ》をきれいに使《つか》うと、みんながうれしい！

もしも、きみがいつも遊《あそ》んでいる公園《こうえん》がゴミだらけだったら、がっかりするよね。だから、みんなが使《つか》う公園《こうえん》は、みんなできれいに使《つか》うのがルール。おうちや学校《がっこう》も同《おな》じだよ。1人《ひとり》1人《ひとり》が気《き》をつければ、ずっときれいにできるんだ！

みんなで使《つか》う場所《ばしょ》をきれいに使《つか》うポイント

リビングで…

ソファーの上《うえ》に上《うわ》着《ぎ》がぬぎっぱなし！ 「正《ただ》しいおき場所《ばしょ》」におこう。

テーブルの上《うえ》や下《した》に、おかしのゴミがある！ ゴミばこにすてよう。

トイレで…

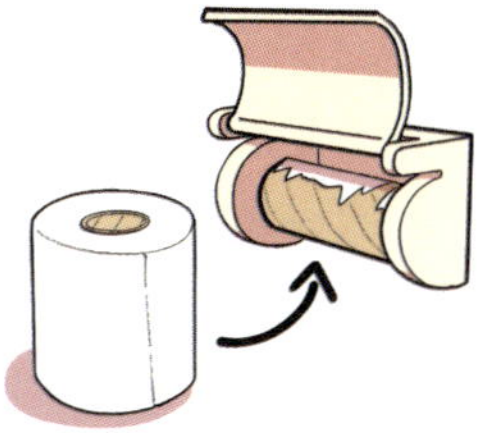

トイレットペーパーがなくなったら、次《つぎ》に使《つか》う人《ひと》のために、新《あたら》しいトイレットペーパーを入《い》れておこう。
使《つか》い終《お》わったら水《みず》を流《なが》して、ふたをしめて、電気《でんき》を消《け》すのもわすれずに。

げんかんで…

学校《がっこう》から帰《かえ》ってきたとき、にもつをおきっぱなしにしないこと。くつもきちんとそろえよう。

けいけんちゲット！

みんなの場所《ばしょ》をきれいに使《つか》えるようになった！

買《か》いもので むだづかいをしない

おかし、マンガ、ゲーム、おもちゃ。気《き》になるものを見《み》つけると、ついほしくなっちゃうよね。

でも、それは本当《ほんとう》にひつようなものかな? おこづかいで買《か》ったり、おうちの人《ひと》に買《か》ってもらったりする前《まえ》に、ちょっと考《かん》え直《なお》してみよう。

オレさまは
おの1本《ぽん》だけ
あればいいぜ

ピグリンブルート

ぼくのさいふには
どれくらい
エメラルドが入《はい》るかな

マイクラの世界《せかい》では
エメラルドがお金《かね》になるんだ!

本当《ほんとう》にひつようなものだけを買《か》おう!

おもちゃ屋《や》さんに来《き》たけれど、
ほしいゲームが売《う》り切《き》れだった！
その代《か》わりに、知《し》らないおもちゃが
すごく安《やす》く売《う》っていたけど、どうしよう？
次《つぎ》の3つの中《なか》から、
正《せい》かいがどれか、考《かんが》えてみてね！

1
よく知《し》らない安《やす》いおもちゃを買《か》う！

2
ほしいゲームが買《か》える日《ひ》まで、お金《かね》はとっておく！

3
ゲームを買《か》う予定《よてい》だったお金《かね》を使《つか》って、おかしを買《か》いまくる！

おいらたちは金《きん》が大《だい》すき！
金《きん》ピカのものはすぐにほしくなっちゃう！

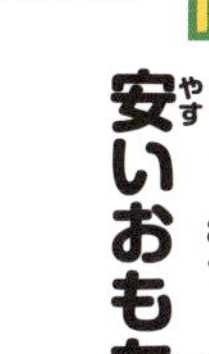

ピグリン

NEXT
次《つぎ》のページで、正《せい》かいを見《み》てみよう！

1

よく知《し》らない安《やす》いおもちゃを買《か》う！

安《やす》いからといって、本当《ほんとう》にひつようか分《わ》からないものを買《か》うのはむだづかいだよ！

ザンネン！

TNT

2

ほしいゲームが買《か》える日《ひ》まで、お金《かね》はとっておく！

ひつようなものだけを買《か》うのが正《せい》かい！　お金《かね》は大切《たいせつ》に使《つか》おう！

イイネ！

3

ゲームを買《か》う予定《よてい》だったお金《かね》を使《つか》って、おかしを買《か》いまくる！

ゲームを買《か》うために用意《ようい》したお金《かね》を、べつのことに使《つか》ってしまったら、次《つぎ》にゲームを買《か》いたいときに、お金《かね》が足《た》りなくなってしまうかもしれないよ！

ザンネン！

TNT

しまえる場所《ばしょ》もお金《かね》のりょうも決《き》まっている！

　ものを買《か》うためのお金《かね》も、しまうための場所《ばしょ》も、すきなだけふやせるわけじゃないよね。どちらも使《つか》えるりょうが決《き》まっているから、なんでもは買《か》えないよ。お店《みせ》で「ほしい！」と思《おも》ったものは、一《いち》度《ど》家《いえ》に帰《かえ》ってから本当《ほんとう》にひつようか考《かんが》えてみよう。

ほしいものがないし、
エメラルドはためておこう。

むだづかいをしなければ、いいことがある ①

むだづかいをしないと…

いいことが
どんどんふえていくよ！

お金《かね》がたまれば、本当《ほんとう》にほしいものを買《か》うために使《つか》える。ものがすっきりしまえて、ひつようなものがすぐ取り出せる。

むだづかいをすると…

お金《かね》はたまらないし、ものがふえすぎて、しまう場所《ばしょ》もなくなる。たくさんのものから、ひつようなものをさがす時間《じかん》もかかって、いろいろなむだが重《かさ》なってしまう。

けいけんちゲット！

お金《かね》をためてほしいものを
買《か》えるようになった！

【4章《しょう》｜きれいなままをつづけよう！】

そうじをするときのコツ

家《いえ》のそうじは自分《じぶん》でもできているかな？　みんなで住《す》んでいる場所《ばしょ》なのだから、おうちの人《ひと》に全《ぜん》部《ぶ》まかせてしまうようではダメ！　家族《かぞく》みんなできょう力《りょく》したほうが、早《はや》くきれいな場所《ばしょ》にできるはずだよ！

ワシの小屋《こや》も
毎日《まいにち》そうじをしておるから
きれいなんじゃよ

ウィッチ

そうじにTNT《ティーエヌティー》を
使《つか》うのはダメだよ！？

よーし、ぜんぶ
きれいにするぞ！
TNT

コツが分《わ》かれば、そうじはむずかしくない！

そうじをするとき、すばやく終《お》わらせるコツはどれかな？次《つぎ》の3つの中《なか》から、正《せい》かいがどれか、考《かんが》えてみてね！

1 テレビを見《み》ながらそうじする

2 せんざいをたくさん使《つか》う

3 タイマーをセットする

そうじに集中《しゅうちゅう》するにはどうすればいいだろう？

ブタ

NEXT

次《つぎ》のページで、正《せい》かいを見《み》てみよう！

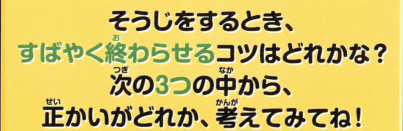

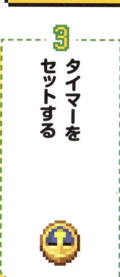

1

テレビを見《み》ながらそうじする

✕

テレビが気《き》になって、そうじに集《しゅう》中《ちゅう》できないよ！ 先《さき》にそうじを終《お》わらせてから、テレビを見《み》よう。

ザンネン！

2

せんざいをたくさん使《つか》う

✕

よけいなせんざいがのこったら、それが新《あたら》しいよごれのもとになってしまう！ 使《つか》いすぎはやめよう。

ザンネン！

3

タイマーをセットする

○

時間内《じかんない》にどれだけきれいにできるか、チャレンジしてみよう！ ゲームみたいに楽《たの》しくそうじに集中《しゅうちゅう》できるかも！

イイネ！

きれいな場所《ばしょ》だと心《こころ》も体《からだ》も元気《げんき》！

かたづけができていると、いつもそうじがしやすくて、部屋《へや》によごれがたまらないよ。きれいな場所《ばしょ》だと気持《きも》ちよくすごせるし、病気《びょうき》にもなりにくくなって、けんこうにもいいよ！

きれいにすれば、
いいこといっぱい！

かんたんにキレイがつづくそうじのコツ

高《たか》いところからじゅん番《ばん》にそうじをしよう。たなの上《うえ》、勉《べん》強《きょう》づくえの上《うえ》、テーブルやベッド、そしてさいごにゆかをそうじすると、そうじした場所《ばしょ》にほこりが落《お》ちないからきれいになるよ。

まずはぬれていないぞうきんやモップなどのかわいた道具《どうぐ》で、ほこりを取《と》ろう。そのあと、水《みず》ぶきしてよごれを取《と》るときれいにできるよ。高《たか》さのひくいテーブルは水《みず》ぶきだけでもいいよ。

けいけんちゲット！

じょうずにそうじをするコツが分《わ》かった！

【4章《しょう》 | きれいなままをつづけよう！】

もしも、また ちらかってしまったら？

またお部屋《へや》がちらかってしまっても、だいじょうぶ！　もう1度《ど》少《すこ》しずつかたづけていけば、お部屋《へや》はすっきりするよ。大《たい》切《せつ》なのは、あきらめないこと。できることからまた、やってみて！

毎日《まいにち》ちゃんと
おかたづけが
できるかな？

ウォーデン

何度《なんど》だって
立《た》ち上《あ》がってみせる！！
カッコつけているけど、
いまから部屋《へや》をかたづける
だけなんだよね……

またちらかっても、やり直《なお》せる！

せっかくかたづけた部屋《へや》がまたちらかってしまったら、どうすればいいかな？次《つぎ》の3つの中《なか》から、正《せい》かいがどれか、考《かんが》えてみてね！

1 もう一度《いちど》、いるものかたしかめる

2 あとでかたづける

3 ひとつの箱《はこ》にジャマなものをぜんぶ入《い》れる

オチツイテ
行動《こうどう》スルコトガ
大切《たいせつ》デスヨ

アイアンゴーレム

NEXT

次《つぎ》のページで、正《せい》かいを見《み》てみよう！

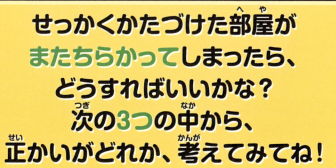

1

もう一《いち》度《ど》、いるものかたしかめる

○

ちらかるということは、「いらないもの」がふえているしょうこ！　しまい方《かた》も、もっとくふうできるかも！

イイネ！

2

あとでかたづける

×

あと回《まわ》しにすると、けっきょくかたづけないままになってしまうかも？　「あとで」「いつか」ではなく、いまかたづけよう！

ザンネン！

TNT

3

ひとつの箱《はこ》にジャマなものをぜんぶ入《い》れる

×

何《なに》がどこにあるのか、あとから分《わ》からなくなってしまうかも！　きちんと仕《し》分《わ》けて、かたづけよう！

ザンネン！

TNT

かたづけは、やった分《ぶん》だけレベルが上《あ》がる！

ものを使《つか》うと、かならずちらかるもの。でも「どうせ、またちらかる」と、かたづけるのをやめないで！　毎日《まいにち》かたづけをしていけば、どんどんかたづけじょうずになっていくよ！

おかたづけ力《りょく》がレベルアップ!!

【1章《しょう》】どうしておかたづけをするのかな？
【2章《しょう》】持《も》ちものをじょうずにかたづけよう！
【3章《しょう》】場所《ばしょ》をきれいにかたづけよう！
【4章《しょう》】きれいなままをつづけよう！

ちらかってしまったときはどうする？

1 よけいなものが ふえてしまっているなら

使《つか》っていないものがふえて、しまう場所《ばしょ》がないのかも。18ページの仕分《しわ》ける作業《さぎょう》をもう１度《ど》やってみよう！

2 決《き》めた場所《ばしょ》に もどせていないなら

決《き》められた場所《ばしょ》にもどせないのは、きめた場所《ばしょ》がもどしにくい場所《ばしょ》だからかも。20ページのポイントをもう１度《ど》見《み》て、しまう場所《ばしょ》を考《かんが》え直《なお》してみよう。

LEVEL《レベル》 UP《アップ》!

あきらめずにかたづける大切《たいせつ》さが分《わ》かった！

おかたづけテクニックの
まとめ

おかたづけのきほん！

1 「いるもの」「いらないもの」を分《わ》けよう！

いるもの＝いま使《つか》っているものや、これから使《つか》う予定《よてい》が決《き》まっているもの

いらないもの＝ずっと使《つか》っていないものや、もう使《つか》えないもの

いらないものはどうすればいいか、おうちの人《ひと》に聞《き》こう！

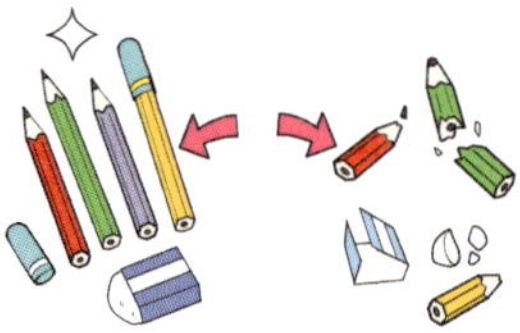

2 「しまう場所《ばしょ》」を決《き》めよう！

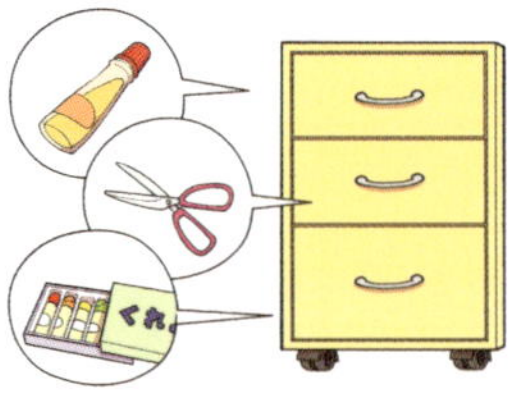

使《つか》うときに取《と》り出《だ》しやすくて、使《つか》ったあとにしまいやすい場所《ばしょ》にしまうといいよ！

3 使《つか》ったあとは元《もと》の場所《ばしょ》にしまおう！

使《つか》い終《お》わったものは、ぜったいに元《もと》の場所《ばしょ》にもどすこと！

そうすれば、ちらからないよ！

しまい方《かた》のコツ！

しまい方《かた》のルールを守《まも》ると、うまくいくよ！

「しゅるい」でそろえる！

たとえば…

・引《ひ》き出《だ》しの中《なか》を仕《し》切《き》って、ぶんぼうぐをしゅるいで分《わ》ける

「大《おお》きさ」でそろえる！

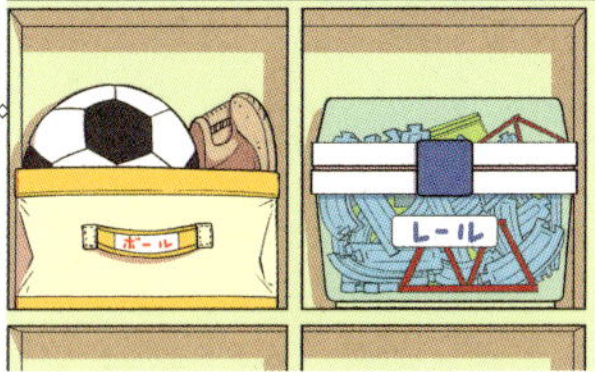

たとえば…

・小《ちい》さなおもちゃと大《おお》きなおもちゃは、べつの箱《はこ》にしまう

「使《つか》うとき」でそろえる！

たとえば…

・教《きょう》科《か》書《しょ》とノートは、国《こく》語《ご》や算数《さんすう》など教《きょう》科《か》をそろえてしまう

しまう場《ば》所《しょ》、使《つか》う場《ば》所《しょ》をきれいにしておこう

つくえやテーブルがかたづいていれば、何《なに》かしたいときにすぐその場《ば》所《しょ》を使《つか》える。

家《いえ》のリビングや学《がっ》校《こう》のつくえ、ロッカーなど、みんなで使《つか》う場《ば》所《しょ》をきれいにすると、みんなうれしい！

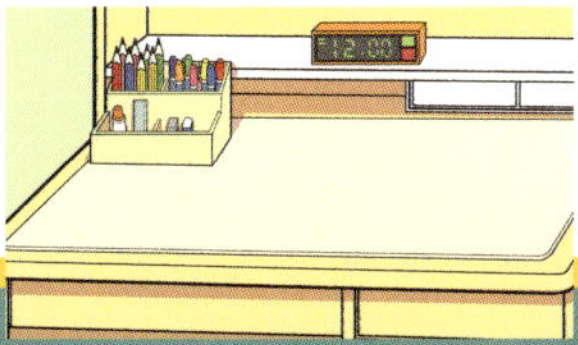

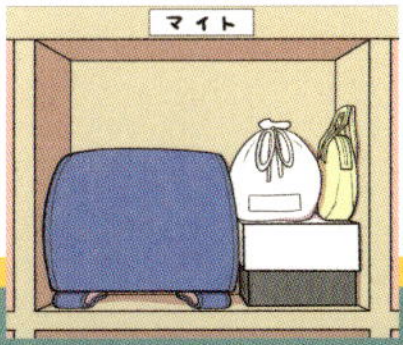

今日《きょう》からきみも おかたづけマスター！

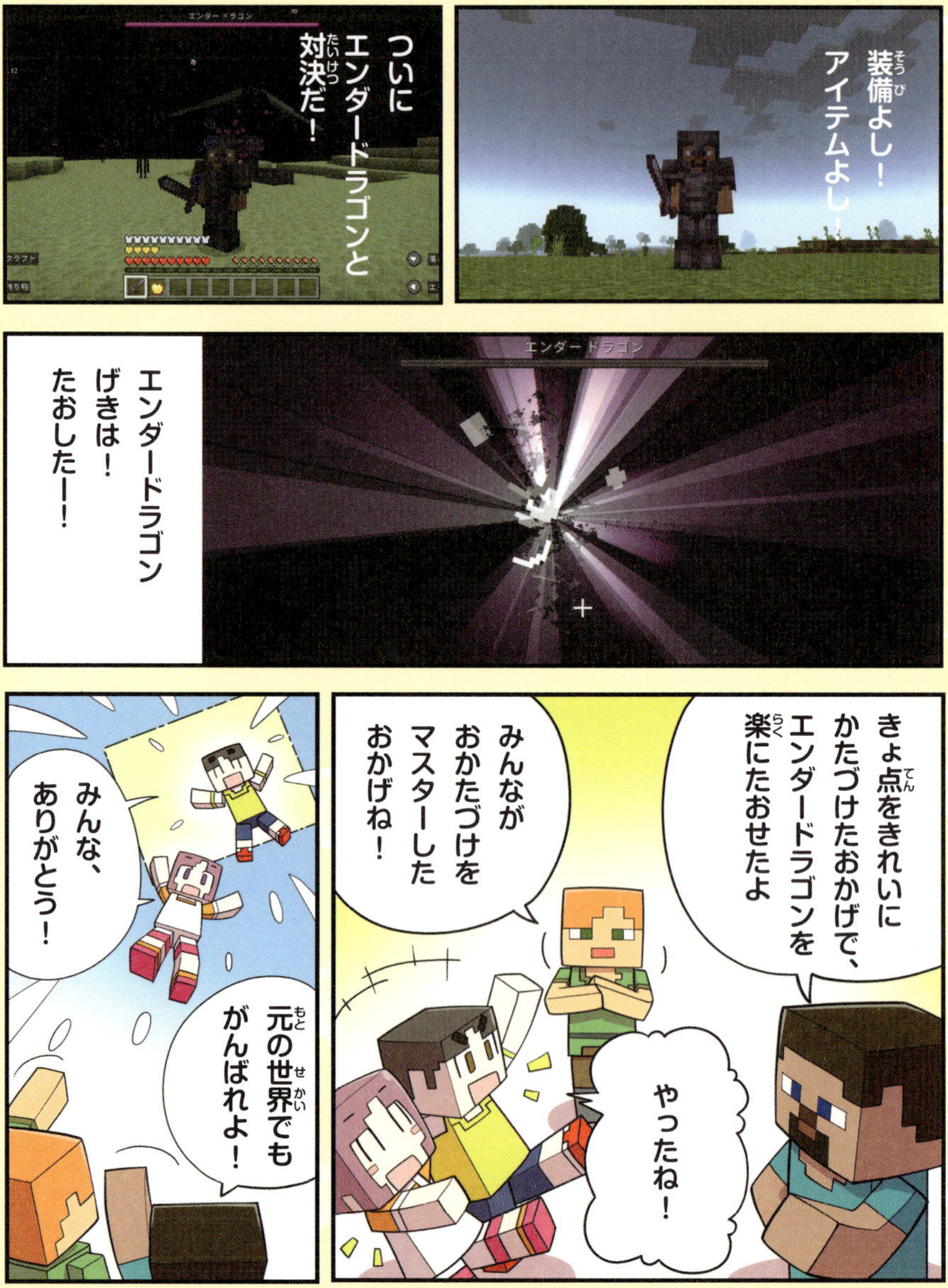
装備《そうび》よし！ アイテムよし！
ついに エンダードラゴンと 対決《たいけつ》だ！
エンダードラゴン げきは！ たおしたー！
きょ点《てん》をきれいに かたづけたおかげで、 エンダードラゴンを 楽《らく》にたおせたよ
みんなが おかたづけを マスターした おかげね！
やったね！
元《もと》の世界《せかい》でも がんばれよ！
みんな、 ありがとう！

シュパッ
やったー！
もどって これたぞ！
よかった〜
ところで この部屋《へや》 だけど…
かたづけ ないとだね
かたづけ られた！ やったー！
わたしたちも、きょ点《てん》をもっと きれいに しましょう！

おわり

監修 吉川 永里子

収納スタイリスト®／整理収納アドバイザー（１級認定講師）
デジタル整理アドバイザー２級認定講師
不動産終活士

2008年より、片づけられない女だった過去の経験を活かし「片づけはストレスフリーに生きる近道」をモットーに活動。働くママ・妻・女性の目線で行うライフスタイル提案が好評で、個人宅向けのアドバイスから、数々のテレビや雑誌などメディアへの出演、全国でのセミナー・講演など、これまでに10000人以上に片づけをレクチャー。プライベートでは、ステップファミリーとなり、子ども５人のママとして邁進。

楽《たの》しく学《まな》んでレベルアップ！
マインクラフト 自《じ》分《ぶん》でできるおかたづけ

2025年3月12日 初版発行

監　修　　吉川 永里子

発行者　　山下 直久
発　行　　株式会社KADOKAWA
〒102-8177 東京都千代田区富士見2-13-3
☎0570-002-301（ナビダイヤル）

編集協力　株式会社KANADEL
イラスト　増田 慎
デザイン　黒須直樹（grokDesign）
印刷・製本　大日本印刷株式会社

Printed in Japan
ISBN 978-4-04-916190-8　C8076